Éditrice : Caty Bérubé

Auteure : Cassandra Loignon

Chargée de contenu : Laurence Roy-Tétreault

Chef d'équipe production éditoriale : Crystel Jobin-Gagnon

Chef d'équipe production graphique : Marie-Christine Langlois

Coordonnatrice à la production : Marjorie Lajoie

Chefs cuisiniers : Benoit Boudreau, Éric Dacier et Richard Houde.

Rédactrices : Miléna Babin, Stéphanie Boisvert, Josée D'Amour, Fernanda Machado Gonçalves et Raphaële St-Laurent Pelletier.

Réviseures : Edmonde Barry, Marilou Cloutier, Corinne Dallain et Viviane St-Arnaud.

Assistantes à la production : Gabrielle Breton et Nancy Morel.

Conceptrices graphiques : Sonia Barbeau, Sheila Basque, Annie Gauthier, Marie-Chloë G. Barrette, Karyne Ouellet et Claudia Renaud.

Superviseure stylisme culinaire : Christine Morin

Stylistes culinaires : Laurie Collin, Maude Grimard et Lauréanne Hallé.

Styliste vestimentaire : Mélissa Poudrier

Maquilleuse : Marie-Line Linteau

Superviseure photo : Marie-Ève Lévesque

Photographes : Mélanie Blais, Jean-Christophe Blanchet et Rémy Germain.

Photographes et vidéastes : Tony Davidson et Francis Gauthier.

Spécialiste en traitement d'images et calibration photo : Yves Vaillancourt

Collaborateurs : Vincent Bernard, Éric Boutin, Michael Fournier et Nicholas Giguère.

Directeur de la distribution : Marcel Bernatchez

Distribution : Pratico-Pratiques inc. et Messageries ADP.

Impression : TC Interglobe

Catalogage avant publication de Bibliothèque et Archives nationales du Québec et Bibliothèque et Archives Canada

Titre : Simplement chic avec Cassandra Loignon : quand tous les soirs, c'est samedi soir ! / Cassandra Loignon.

Noms : Loignon, Cassandra, 1988- auteur.

Description : Comprend des références bibliographiques et un index.

Identifiants : Canadiana 20190020563 | ISBN 9782896588619

Vedettes-matière : RVM : Cuisine. | RVMGF : Livres de cuisine.

Classification : LCC TX714 L65 2019 | CDD 641.5—dc23

DÉPÔT LÉGAL : 4e trimestre 2019
Bibliothèque et Archives nationales du Québec
Bibliothèque et Archives Canada
ISBN 9782896588619

Gouvernement du Québec. Programme de crédit d'impôt pour l'édition de livres – Gestion SODEC

PRATICO EDITION

7710, boulevard Wilfrid-Hamel, Québec (QC) G2G 2J5

Tél. : 418 877-0259

Sans frais : 1 866 882-0091

Téléc. : 418 780-1716

www.pratico-pratiques.com

Commentaires et suggestions : info@pratico-pratiques.com

CASSANDRA LOIGNON

Simplement chic

Quand tous les soirs,
c'est samedi soir !

CASSANDRA LOIGNON

Simplement chic

Quand tous les soirs,
c'est samedi soir !

COOKTOP ON

Table des matières

12 Vivre pour manger

14 #RECIPESBYCASS

16 Mon parcours : d'apprentie cuistot à chef cuisinière

22 Le choix des ingrédients, ça change tout !

28 *Meal prep* : la clé du succès !

32 **Italienne**

Je vous propose un petit voyage en Italie avec des recettes inspirées pour la plupart de ma mère et de ma grand-mère maternelle.

74 **Française**

Puisque j'ai été formée par un chef français, j'ai un attachement particulier pour la cuisine française. Avec ces recettes, je vous convie à une expérience gastronomique digne des meilleurs bistros parisiens !

100 **Québécoise**

J'ai eu un plaisir fou à transformer les plats bien de chez nous en mets raffinés, et donc tout désignés pour recevoir. En fin de compte, j'ai réalisé que la cuisine d'ici n'a rien à envier aux autres !

132 **Américaine**

Chaque fois que je rends visite aux membres de ma famille qui vivent aux États-Unis, leur cuisine me fait saliver dès le premier coup d'œil ! Je vous présente donc des plats qui font honneur à mes origines à moitié américaines et qui s'inspirent de mes séjours là-bas.

156 **Mexicaine**

Pour moi, la cuisine mexicaine est le meilleur moyen d'ensoleiller son assiette, et ce, à longueur d'année ! Je vous propose une foule de recettes élaborées après mes voyages au Mexique !

180 **Asiatique**

J'adore la cuisine asiatique et ses parfums incroyables ! Je me suis mise au défi de cuisiner les meilleurs Général Tao, pad thaï et crevettes croustillantes, mais aussi de réinventer légèrement quelques classiques.

204 **Mason *approved***

C'est simple : quand mon fils Mason en redemande, c'est signe que ma recette est VRAIMENT réussie ! J'ai donc rassemblé ici des recettes salées ou sucrées qui passent le test selon mon petit gourmand.

238 Index des recettes

Vivre pour manger

Pour beaucoup de gens, cuisiner est un fardeau, une tâche de plus à accomplir au quotidien. Pour moi, c'est exactement l'inverse! Chaque fois que je cuisine, j'ai le sentiment de prendre du temps pour moi, de relaxer, de décrocher. C'est d'ailleurs un des rares moments de la journée où je suis déconnectée de mon téléphone ou de ma tablette (même si je filme parfois mes recettes!). Pour toutes ces raisons, enfiler mon tablier me permet à la fois de vivre ma passion et de m'offrir un peu de répit.

Manger, pour moi, c'est un des plus beaux plaisirs de la vie. Comme le *saying* le dit si bien: «*I live to eat, I don't eat to live.*» En fait, j'adore tout ce qui est en lien avec la nourriture, que ce soit penser aux recettes que je vais concocter au courant de la semaine, aller à l'épicerie, prendre de l'avance dans la préparation des repas... puis les manger! Il n'y a rien comme la satisfaction que je ressens quand je cuisine pour mes proches et que j'entends: «*Oh my God,* Cass! C'est tellement bon, *this one is a keeper!*» C'est extrêmement gratifiant!

Sans grande surprise, mon mari Maxime et mon fils Mason sont les personnes pour lesquelles j'ai le plus de plaisir à cuisiner. Maxime est un vrai épicurien, un gars curieux qui veut goûter à tout (c'est pour ça que je l'aime autant!), tandis que Mason devient un peu plus difficile en vieillissant. Quand il aime une recette, je sais qu'elle passe le test haut la main!

Aujourd'hui, penser que mes plats rendront encore plus de gens heureux me comble de bonheur et de fierté. À vrai dire, j'ai toujours caressé le rêve d'écrire un livre de cuisine, et chaque recette présentée dans ces pages est un coup de cœur sélectionné parmi plus de 250 recettes de mon cru. Certaines sont des recettes à succès tirées de mon compte Instagram, tandis que d'autres n'ont jamais été dévoilées au grand public.

J'espère que vous aurez autant de plaisir à cuisiner ces plats que j'en ai eu à les imaginer!

Bienvenue à ma table!

Cassandra Loignon

#RECIPESBYCASS

Au fil du temps, une véritable communauté s'est créée sur Instagram grâce au mot-clic **#recipesbycass**. En tapant «#recipesbycass» dans la barre de recherche d'Instagram, vous pouvez voir quelles recettes sont les plus populaires sur mon compte, en plus de lire les commentaires et de voir les photos et vidéos des autres abonnés qui les ont essayées. C'est tellement inspirant!

Avant de vous présenter une recette, je la peaufine au maximum pour m'assurer qu'en respectant bien chaque quantité et chaque étape, vous parviendrez exactement au même résultat que moi. Même après toutes ces années, ça me touche toujours autant de savoir que vous essayez mes recettes, et surtout, ça me comble de fierté de constater que vous réussissez à les reproduire avec brio!

J'A-D-O-R-E avoir la possibilité de m'immiscer dans vos cuisines. Je me rapproche ainsi de mon but: vous faire aimer cuisiner et manger, vous permettre de laisser libre cours à votre créativité derrière les chaudrons et vous encourager à profiter de la vie avec les gens qui comptent le plus pour vous.

Si vous ne faites pas encore partie de la communauté **#recipesbycass**, faites-moi plaisir et rejoignez-la afin que l'on puisse partager notre passion pour la bonne bouffe! Si ce n'est déjà fait, suivez aussi mon compte Instagram **@cassandraloignon** pour découvrir du contenu exclusif et des *how to*!

Mon parcours : d'apprentie cuistot à chef cuisinière

Une histoire de famille

D'aussi loin que je me souvienne, j'ai toujours eu une obsession pour la nourriture. Dès mon tout jeune âge, je découpais des photos d'aliments et de recettes dans les magazines et les journaux. Lorsque j'avais 10 ans, ma mère, qui est d'origine italienne et qui adore cuisiner, m'a donc offert un livre qui deviendrait bientôt mon premier *cook book*. Je me souviens encore de l'image qu'il y avait dessus, c'était des aubergines grillées ! À partir de là, je me suis mise à coller des images de bouffe inspirantes dans le livre. Au début, je demandais à ma mère d'écrire ses propres recettes à l'intérieur, puis après un certain temps, je lui ai demandé de plutôt écrire mes recettes à moi, des recettes que j'avais inventées. Il y en a même quelques-unes parmi celles-là que je cuisine encore aujourd'hui et qu'on retrouve dans ces pages, comme le pâté à la viande et le pain aux zucchinis ! Je me souviens d'ailleurs de la première recette que j'ai cuisinée toute seule : un étagé de légumes grillés avec du caramel balsamique et du fromage. Ma mère, à la fois fière et surprise, m'avait dit : « Oh ! Mais j'ai un chef ici ! »

Si j'ai développé une aussi grande passion pour la cuisine, c'est justement grâce à ma mère, qui m'invitait toujours à prendre part aux activités lorsqu'elle cuisinait. Cuisiner était sa façon à elle de nous dire qu'elle nous aimait, et au final, c'était très rassembleur ! Elle prenait la peine de cuisiner des choses spécifiques pour chacun d'entre nous, en fonction de ce qu'on aimait réellement. Un même soir, elle pouvait préparer du steak haché avec du ketchup et des patates pour faire plaisir à mon père, un deuxième plat pour mes deux sœurs, et un troisième plat plus raffiné pour moi, qui étais déjà fine bouche. Si je lui disais que mes pâtes étaient trop cuites, elle m'invitait à venir les faire recuire avec elle. J'appréciais tellement cette souplesse ! Dans la vie, j'ai rapidement compris que je ne me contenterais pas de n'importe quel plat soir après soir. C'est, je crois, ce qui m'a poussée à apprendre à cuisiner plus vite pour me satisfaire moi-même. J'ai eu la piqûre aussitôt !

Je dois aussi cette passion à ma grand-mère paternelle, qui était d'origine québécoise. Je l'appelais « grand-mère chou-chou », parce que son mari travaillait sur les trains. Tous les dimanches, elle venait dîner à la maison, puis on préparait des betteraves ou des petits oignons marinés. On était toutes les deux gourmandes et on avait des petites habitudes bien à nous. Par exemple, quand on mangeait une baguette de pain, on se partageait les deux bouts de la baguette, parce que c'est ça qu'on aimait le plus ! Elle en mettait un dans son assiette et un dans la mienne. Chaque fois que je mange un bout de baguette de pain maintenant, ça me rappelle ces beaux moments que l'on passait ensemble. Il faut dire que ma grand-mère maternelle, qui habite en Pennsylvanie aux États-Unis, a aussi influencé ma façon de cuisiner. Son mari à elle était italien, ce qui fait qu'on cuisinait beaucoup de pâtes fraîches avec des ingrédients simples. Je me souviens d'une recette en particulier que j'adorais : des pâtes fraîches avec de la ricotta et de la sauce tomate.

Bref, tous mes souvenirs de jeunesse, et presque tous les souvenirs de ma vie d'ailleurs, sont en lien avec la cuisine. Par exemple, de tous les voyages que j'ai faits avec mes parents, je me souviens à peine des activités qu'on a faites. Ce qui est très clair dans ma mémoire, par contre, ce sont les repas qu'on a mangés. Et pas seulement les miens ! Je me souviens de ce que chaque membre de ma famille avait choisi comme plat dans chaque restaurant, alors qu'eux, ils n'en ont aucune idée ! Je suggérais même à ma mère d'opter pour tel ou tel plat parce que j'avais envie de pouvoir y goûter. Je me souviens d'un petit café à San Francisco où on allait tous les jours en voyage et où je mangeais ma salade de chèvre et ma crème brûlée, ou encore de Napa Valley, où j'ai mangé de la confiture de figues pour la première fois.

Sur les bancs d'école

Plus tard, j'ai étudié à l'école Jésus-Marie, un collège uniquement constitué de filles qui visaient, pour la plupart, des carrières très impressionnantes. Pour ma part, j'aurais bien aimé être vétérinaire, mais je n'avais pas les notes nécessaires. Par contre, j'excellais dans un domaine en particulier : la cuisine, bien entendu ! Je recevais peu d'éloges de la part de mes parents lorsque je leur présentais mon bulletin, mais quand je faisais à manger, c'était tout autre chose : les yeux de mes parents brillaient, ils étaient fiers, et moi je l'étais encore plus.

Je savais déjà que je voulais gagner ma vie avec la cuisine. J'ai donc consacré plusieurs années à suivre des formations diverses à Québec et à Montréal pour parfaire mes connaissances : Gestion hôtelière à Méri-ci, DEP en cuisine à Fierbourg, stage au Louis-Hébert, cours en service pour être serveuse et ITHQ en gestion de restauration. Malgré toutes ces formations académiques dans lesquelles je me débrouillais très bien, je n'avais pas l'impression d'être exactement à ma place. Même si j'ai énormément appris pendant ces formations, c'était souvent beaucoup de pression et aucune de ces expériences-là ne m'avait vraiment permis d'exploiter mon côté créatif autant que je le souhaitais. Il faut aussi dire que mon passage à Montréal m'a tout de même permis de faire une rencontre des plus déterminante… mon mari Maxime ! D'ailleurs, c'est lui qui m'a finalement ramenée à Québec pour de bon.

À la fois femme et maman

Je me souviens de la toute première recette que j'ai cuisinée pour Max : des pappardelles au canard ! C'est aussi la première recette que j'ai filmée et que j'ai publiée sur Instagram, il y a huit ans. Je me souviens que j'étais très stressée parce que j'aimais déjà Max et que je voulais qu'il aime ma recette, qu'il m'aime moi. Comme il l'a adorée, on peut certainement dire que je l'ai gagné par le ventre ! En fait, s'il y a une recette que je pourrais manger tous les jours de ma vie, c'est celle-là.

Puis, on a eu notre fils, Mason. La première recette que j'ai cuisinée pour lui, c'est un *mac'n cheese*. Encore aujourd'hui, si j'en prépare une grosse *batch* et qu'il en reste dans le frigo, il veut en manger pour déjeuner ! Les premières fois que je lui cuisinais ça, je mettais uniquement du Velveeta dans la recette. Aujourd'hui, je mets de l'emmental, du suisse, de la crème… Lui, il ne se rend pas compte qu'il mange tous ces ingrédients, alors que Max et moi, on se régale !

Pendant des années, je continuais de cuisiner au quotidien pour ma famille, mais je me contentais de publier mes recettes sur Instagram, tout en rêvant de publier un vrai livre de cuisine un beau jour.

Entre le salon et la cuisine

Entre-temps, je me suis mise à installer des extensions capillaires à des gens que je connaissais, chez moi, ou encore chez mes parents lorsqu'ils étaient en voyage. Le lien entre les extensions capillaires et la cuisine ? Elles me permettaient toutes deux de rendre les gens heureux, ce qui, pour moi, est la plus grande des satisfactions ! Voir le bonheur de mes clientes qui regardent leur nouvelle tête dans le miroir ou entendre les « Oh wow ! » et « Miam ! » des gens qui se délectent de mes recettes me procurait le même sentiment d'accomplissement et de gratification. Au bout d'un certain temps, la demande était tellement grande et constante que mon mari m'a proposé d'ouvrir notre propre salon de beauté spécialisé en extensions capillaires, ce que j'ai accepté, un peu à reculons je l'avoue, puisque je manquais de confiance en moi. Avec Max, on a donc ouvert notre salon de beauté, appelé Les Précieuses. Mon mari s'occupe de toute la gestion, alors que moi, je ne fais que ce que j'aime, c'est-à-dire rendre mes clientes heureuses !

Comme je ne peux pas me passer de la cuisine au quotidien, je n'ai jamais arrêté de cuisiner, même après avoir ouvert le salon. Il y a quelques années, je me suis mise à publier mes recettes sur Instagram. Au bout d'un moment, les gens se sont mis à me demander d'inscrire les quantités précises, puis l'engouement est devenu très grand, j'avais de plus en plus d'abonnés. J'ai donc eu l'idée de filmer mes recettes pour que les gens puissent les reproduire plus précisément à la maison. J'ai commencé à avoir des offres de toutes sortes en lien avec mes recettes : un resto de Québec voulait les acheter, une émission de cuisine voulait m'avoir comme invitée, des compagnies m'envoyaient leurs produits au salon… Mais rien de tout cela ne m'intéressait vraiment. Ce que je voulais, au fond, c'était enfin publier mon propre livre de cuisine !

Puis, un jour, une cliente du salon de beauté m'a proposé cette collaboration avec Pratico-Pratiques, dont je connaissais (et adorais !) les magazines. Ma mère m'a souvent dit qu'on est sur la terre pour une raison, qu'on doit trouver notre *purpose*. Cette proposition a été une véritable révélation pour moi. Enfin, tout prenait un sens !

Comme on dit, il n'y a pas de hasard, il n'y a que des rendez-vous !

J'espère donc que vous apprécierez ce livre de recettes que j'ai élaboré avec amour et passion. N'hésitez pas à me partager vos recettes sur Instagram avec le mot-clic #recipesbycass : ça me rend tellement heureuse de voir vos créations !

Le choix des ingrédients, ça change tout!

Sachant que miser sur des produits de qualité peut faire la différence entre une recette banale et une recette digne des plus grandes tables, pas question de choisir ses ingrédients à l'aveuglette! Je vous dévoile mes trucs pour faire des choix éclairés et épater vos invités à tout coup!

Huile d'olive

L'huile d'olive extra-vierge est à privilégier en raison de son faible taux d'acidité. Idéalement, on optera pour une huile très pâle, puisque celle de couleur foncée a un goût d'olive assez prononcé qui ne convient pas à tous les plats. Le point de fumée de l'huile d'olive n'étant pas très élevé, les aliments qui doivent cuire longtemps dans la poêle risquent de noircir. Pour cette raison, on réserve l'huile d'olive extra-vierge pour la cuisson à basse température et les vinaigrettes ou pour arroser nos plats d'un filet d'huile.

Moutardes

La moutarde de Dijon et la moutarde de Meaux, une moutarde à l'ancienne provenant de Meaux, peuvent se marier à merveille à plusieurs recettes de vinaigrettes, de sauces et de marinades. La moutarde de Dijon est excellente pour émulsionner, car elle permet de bien lier les aliments, tandis que la moutarde de Meaux ajoute un petit côté croquant et une touche acidulée à nos plats.

Pesto

Voyez ma recette de pesto à la page 52.

Idéalement, on préparera son propre pesto pour éviter les agents de conservation qui altèrent son goût. Une bonne recette de pesto contiendra du basilic frais, beaucoup de parmesan de bonne qualité, des noix, du citron et de l'ail. Les bonnes noix pour le pesto maison sont les noix de pin, les noix de Grenoble, les pacanes ou les amandes. Le pesto ne devrait jamais être cuit, car il change de goût et de couleur sous l'effet de la chaleur. On l'ajoutera donc aux recettes à la toute fin.

Mayonnaise

Une bonne mayonnaise devrait toujours proposer un goût légèrement acidulé. Pour les recettes où la mayonnaise est très importante, par exemple en accompagnement des frites, il vaut la peine de la monter soi-même à partir d'œufs et d'huile d'olive extra-vierge pâle. Autrement, pour gagner du temps, il est aussi possible de rehausser le goût d'une mayonnaise du commerce avec un peu de jus de citron, de sambal oelek, de moutarde de Dijon ou d'ail.

Sirop d'érable

Il est primordial de choisir un sirop d'érable clair ou extra clair, et non pas foncé, pour éviter que nos recettes ne développent un arrière-goût de brûlé. Portez aussi attention aux grades, qui s'étendent de A à D. La mention AA équivaut à la meilleure qualité, alors que D équivaut à une qualité moindre.

Vinaigre balsamique

Un bon vinaigre balsamique sera légèrement sucré, et non pas astringent. Son goût se rapprochera même de celui du caramel. On peut généralement avoir une bonne idée de la qualité d'un vinaigre balsamique en vérifiant sa texture, qui devrait être sirupeuse. Il vaut la peine d'investir quelques dollars de plus dans une bonne bouteille de vinaigre balsamique qui aura vieilli quelques années. Plusieurs supermarchés offrent maintenant une section «gourmet» où l'on trouve d'excellents vinaigres. Si vous cuisinez avec du vinaigre balsamique de qualité moindre, ajoutez-y une touche de miel ou de sucre pour balancer l'astringence.

Vin pour cuisiner

D'emblée, on ne devrait jamais cuisiner avec un vin que l'on ne boirait pas. Notez aussi que les vins dits «de cuisson» contiennent souvent du sodium et des nitrites, et qu'il vaut mieux opter pour des vins traditionnels.

- **Blanc.** On choisira des vins très secs et neutres comme les sauvignons, qui ajoutent une belle touche d'acidité aux plats à base de fruits de mer, ou encore les pinots gris, qui sont les plus neutres. On oubliera les vins trop riches, parce qu'ils ont tendance à développer de l'amertume en cuisant. Les vins plus sucrés, eux, sont intéressants pour faire caraméliser certains aliments.
- **Rouge.** On optera pour les merlots, qui, ayant peu de tanins, développent moins d'amertume en cuisant. Pour les viandes braisées plus goûteuses, les côtes-du-rhône et les cabernets sont à privilégier.

Porto

Le porto est un incontournable pour des sauces réussies. Il peut ajouter du coffre aux sauces à base de vin rouge. Toutefois, il n'est pas nécessaire d'investir un gros montant dans un porto destiné à la cuisine. Une bouteille d'une dizaine de dollars fera très bien l'affaire.

Sel

Le sel rose de l'Himalaya a un goût minéral plus intense et complexe que les autres types de sel. On peut l'utiliser autant pendant la cuisson qu'au moment de servir, et ce, en plus petite quantité que les autres sels. Qui plus est, il s'agit d'un sel qui n'a pas été raffiné ; il contient donc davantage de minéraux. Sa couleur rose est attribuable à la présence du fer. Il existe du sel rose de l'Himalaya en cristaux fins à utiliser tel quel, du sel à cristaux moyens qui convient pour les moulins ainsi que du sel à gros cristaux que l'on doit broyer au mortier. Notez qu'en cuisine, on doit saler légèrement à chaque étape de la recette plutôt qu'une seule fois à la toute fin. Rappelez-vous aussi que le goût du sel s'intensifie dans les recettes qui réduisent.

Poivre

Le mélange de grains de poivre noir et de poivre rose distribué au moulin est idéal pour la majorité des recettes. On évitera les mélanges de grains de poivre déjà moulus, qui sont généralement éventés. Pour les sauces blanches (hollandaise, Mornay, etc.) cependant, le poivre blanc est suggéré, puisqu'il évite l'apparition de petits points noirs dans la sauce. Le goût du poivre blanc, qui peut être acheté moulu plutôt qu'en grains, est d'ailleurs plus doux que celui du poivre noir.

Piquant

Le sambal oelek est idéal pour donner du caractère aux mayonnaises maison, alors que la sauce sriracha, plus vinaigrée, sucrée et salée, devrait être réservée pour la finition, par exemple sur un pad thaï. Le tabasco peut quant à lui relever les sauces à spaghetti. Le poivre de Cayenne, de son côté, est pratique pour ajouter une note piquante dans les recettes où l'on ne désire pas ajouter trop de liquide, par exemple dans les beurres assaisonnés ou encore sur les œufs farcis à la diable. Enfin, les jalapeños en conserve sont tout désignés pour les nachos, alors que les jalapeños frais coupés en dés sont délicieux en salade.

Chocolat

Privilégiez les chocolats au goût doux et à la texture soyeuse et crémeuse qui fondent dans la bouche. Au supermarché, on trouve d'excellentes palettes de chocolat noir, de chocolat au lait et de chocolat blanc qui peuvent servir à la conception des desserts. Dans la liste des ingrédients d'un chocolat de qualité, on trouve du beurre de cacao, et non pas d'autres matières grasses végétales. Pour atteindre l'équilibre parfait entre le sucre et l'amertume dans de nombreux desserts, il peut être intéressant d'intégrer le chocolat au lait et le chocolat noir en parts égales.

Ail

On préférera l'ail frais plutôt que l'ail précoupé en pot, étant donné que ce dernier contient des agents de conservation qui changent le goût des recettes. L'ail noir, qui est en fait le résultat d'un long processus de maturation de l'ail blanc, est sans contredit le meilleur ail pour cuisiner. Il est d'ailleurs beaucoup plus doux que l'ail blanc. Son goût surprenant peut rappeler celui d'un vinaigre balsamique vieilli, et sa texture, celle d'un abricot séché. Une petite quantité suffit pour changer complètement le goût d'une sauce.

Fromages

Pour le parmesan, cherchez toujours la mention «parmigiano reggiano», qui est l'appellation d'origine du véritable parmesan. Plutôt que d'utiliser une râpe à fromage, utilisez un économe assez large pour créer des copeaux qui rendront vos recettes plus goûteuses et ajoutez le parmesan en finition à vos plats. La feta, elle, devrait idéalement être la moins salée possible. La feta de lait de chèvre émiettée s'avère un excellent choix pour la plupart des recettes. Enfin, le fromage de chèvre devrait être crémeux et doux. Il peut même être mélangé à du miel dans certaines recettes pour un goût légèrement sucré. N'oubliez pas que tous les fromages devraient être sortis du réfrigérateur au moins une heure à l'avance, même lorsqu'on prévoit les intégrer à une recette.

Bacon

La majorité des bacons emballés du supermarché contiennent une trop grande quantité d'eau, ce qui fait que les tranches ont tendance à rétrécir lorsqu'on les cuit. Si on opte pour ce type de bacon, il est préférable de miser sur des produits dits naturels, puisqu'ils n'ont généralement pas été injectés avec de l'eau. De façon générale, du point de vue du goût, la meilleure option reste de faire trancher son bacon par un boucher.

Prosciutto

Puisque le sel contenu dans le prosciutto remonte à la surface aussitôt qu'on le tranche, le prosciutto fraîchement tranché par un boucher sera généralement moins salé que celui emballé. Pour la plupart des recettes, il est important de demander à son boucher de produire des tranches très minces.

Meal prep : *la clé du succès !*

Les gens me demandent souvent : «Cass, comment tu fais pour manger aussi raffiné chaque soir, alors que tu travailles et que tu es maman ?» Je leur réponds que l'organisation, c'est la clé ! Depuis plusieurs années, je consacre la majeure partie de mon dimanche à la préparation de trois à quatre recettes en prévision de mes repas de la semaine. Le soir venu, il ne me reste qu'à réchauffer, cuire ou assembler mes plats. Voici à quoi ressemble ma routine de la semaine.

Du lundi au jeudi
Sélection des recettes

Comme je suis passionnée par la nourriture, j'écoute beaucoup d'émissions de cuisine, je feuillette une tonne de livres et de magazines culinaires, et je passe du temps sur YouTube et Pinterest pour découvrir de nouvelles tendances et me donner des idées. Pour éviter d'être en panne d'inspiration lorsque vient le temps de dresser la liste d'épicerie pour les repas de la semaine, je note au fur et à mesure les recettes que j'ai envie de cuisiner la semaine suivante dans mon téléphone.

Le vendredi ou le samedi
Liste d'épicerie

Le vendredi ou le samedi, je prends le temps de dresser ma liste d'épicerie dans mon téléphone, à partir des recettes que j'ai choisies pendant la semaine. Pour limiter les aller-retour dans les rangées du supermarché et économiser du temps, je commence par diviser ma liste en différentes catégories : fruits et légumes, produits laitiers, viandes, etc. Ensuite, je passe une à une les recettes que je veux préparer, puis j'inscris chacun des ingrédients dans la bonne catégorie. En quelques minutes seulement, j'ai une liste d'épicerie complète et efficace !

Épicerie

J'aime prendre le temps de faire l'épicerie toute seule pour sélectionner moi-même les ingrédients qui serviront à préparer mes prochaines recettes de semaine. Par contre, quand j'ai un horaire trop chargé ou que je suis avec mon fils Mason (il trouve ça trop long !), j'opte pour le service de cueillette ou pour la livraison. Dans les deux cas, je fais mon épicerie en ligne au préalable, puis soit je passe chercher mon épicerie toute prête, soit je la fais livrer directement à la maison. Vraiment pratique, quand on est à la course !

Le dimanche

Préparation des plats

Je profite du dimanche pour prendre le plus d'avance possible dans la préparation des plats, en commençant par les recettes les plus longues à préparer.

En règle générale, je prépare mes sauces et mes vinaigrettes le dimanche.

Parfois, je peux préparer la recette entière à l'avance. Par exemple, si je compte manger du *pulled pork* avec des patates pilées, je vais mettre mon porc dans la mijoteuse le dimanche matin, puis je vais préparer mes patates pilées, car ces deux aliments se réchauffent bien et se conservent quelques jours au réfrigérateur.

D'autres fois, je ne ferai rien cuire à l'avance, mais je vais préparer tous mes ingrédients. Par exemple, si je prévois manger un pad thaï, je vais couper tous mes légumes en julienne et préparer ma sauce aux arachides. Si je décide d'y ajouter des crevettes ou du poulet, je vais aussi les faire mariner. La différence ici, c'est que je ne ferai pas cuire mes légumes, mes protéines ou mes nouilles, parce que je veux qu'ils soient le plus frais possible lorsque je vais assembler mon plat. Si j'ai l'intention de manger mon pad thaï plus tard dans la semaine, je vais congeler mes protéines et les faire dégeler le jour même.

Dans tous les cas, je prends bien soin de manger les repas dans l'ordre le plus logique pour profiter d'un maximum de fraîcheur. Si j'achète du saumon frais le samedi, je vais assurément le manger le dimanche. Si je prévois manger un club sandwich le jeudi et que j'achète mon poulet le vendredi de la semaine précédente, je vais plutôt le congeler.

À faire à la dernière minute seulement:

- **Cuire** les légumes ;
- **Cuire** les pâtes et les vermicelles ;
- **Couper** les fruits et les légumes qui s'oxydent (bananes, avocats, etc.) ;
- **Râper** le parmesan ;
- **Ajouter** les framboises dans les salades de fruits.

Les recettes sauve-la-vie

Comme tout le monde, il m'arrive de ne pas avoir autant de temps que je le voudrais pour cuisiner. Quand je fais une sauce à spaghetti, par exemple, je double la recette et je la congèle pour en avoir des réserves. Je mise aussi sur des recettes express, comme un *mac'n cheese*, lorsque je suis trop pressée.

Martha Stewart
The Cookie Book
Emeril's Delmonico
From Emeril's Kitchens

Italienne

Tomates, fines herbes du jardin, fromage frais… Ces aliments me rappellent des plats inspirés de la cuisine italienne qui regorgent de fraîcheur et de saveurs! Je vous propose un petit voyage en Italie avec des recettes inspirées pour la plupart de ma mère et de ma grand-mère maternelle. Un classique veau parmigiana, une tarte aux tomates colorée, un tartare de bœuf savoureux et, bien sûr, d'authentiques pâtes à l'italienne! Oh! Et l'orzo dessert est un *must* : à essayer absolument!

Bellini aux pêches

Préparation : 10 minutes | **Quantité :** 4 portions

15 morceaux de pêches surgelées

30 ml (2 c. à soupe) de sirop d'érable

2 oz (60 ml) de liqueur aux pêches (de type Schnapps)

250 ml (1 tasse) de jus de pêches froid

Quelques quartiers de pêches fraîches ou surgelées (pour décorer)

500 ml (2 tasses) de prosecco froid

1. Dans le contenant du mélangeur électrique, déposer les morceaux de pêches, le sirop d'érable, la liqueur aux pêches et le jus de pêches. Mélanger jusqu'à l'obtention d'une purée lisse.

2. Décorer quatre flûtes à champagne d'un quartier de pêche. Remplir la moitié des flûtes avec la préparation aux pêches. Compléter avec le prosecco.

Notes

Utiliser des pêches congelées fait en sorte que le cocktail reste super froid plus longtemps. Pour ceux qui trouvent le mélange de pêches trop sucré, il suffit d'en mettre moins. Lorsque j'en fais et que mon bébé en veut, je m'assure de mixer le tout sans le Schnapps aux pêches et je lui en mets un peu dans un verre. Il adore ça!

Salade d'été au melon d'eau, mascarpone, feta et oignons confits

Préparation : 15 minutes | **Cuisson :** 16 minutes | **Quantité :** 4 portions

60 ml (¼ de tasse) d'oignon rouge émincé

30 ml (2 c. à soupe) de sucre

60 ml (¼ de tasse) de vinaigre de vin rouge

60 ml (¼ de tasse) de pistaches hachées grossièrement

250 ml (1 tasse) de mascarpone

250 ml (1 tasse) de feta émiettée

½ melon d'eau épépiné

Pour décorer :

Environ 20 feuilles de menthe fraîche ciselées

15 ml (1 c. à soupe) d'huile d'olive

Feta émiettée au goût

1. Dans une poêle, cuire l'oignon avec le sucre et le vinaigre de vin rouge environ 15 minutes à feu moyen, jusqu'à ce que les oignons soient confits et que le liquide soit complètement absorbé.
2. Ajouter les pistaches et cuire 1 minute. Retirer du feu et réserver.
3. Dans un bol, mélanger le mascarpone avec la feta.
4. Couper le melon en quatre rectangles de 10 cm x 5 cm (4 po x 2 po).
5. Dans un autre bol, mélanger la menthe avec l'huile. Réserver.
6. Déposer les rectangles de melon dans les assiettes. Garnir de la préparation au mascarpone. Parsemer de la préparation aux oignons confits et de la préparation à la menthe. Si désiré, décorer les assiettes de quelques miettes de feta et d'huile d'olive.

Notes

Je cherchais à faire une version différente du classique melon-feta. À mon avis, le mélange avec le mascarpone crémeux se démarque du goût trop salé de la feta. C'est une entrée super légère, facile à préparer et tellement chic !

Raviolis frits avec compote de tomates et sauce mascarpone épicée

Préparation : 20 minutes | **Cuisson :** 43 minutes | **Quantité :** 4 portions (entrée)

4 tomates entières

15 ml (1 c. à soupe) d'huile d'olive

1 oignon rouge haché

15 ml (1 c. à soupe) de cassonade

3 gousses d'ail hachées

60 ml (¼ de tasse) de basilic frais haché

30 ml (2 c. à soupe) de pâte de tomates

Sel et poivre au goût

125 ml (½ tasse) de mascarpone

15 ml (1 c. à soupe) de sriracha ou de sambal oelek

250 ml (1 tasse) de chapelure panko

250 ml (1 tasse) de farine

2 œufs

6 tiges de thym frais effeuillées

1 paquet de raviolis au choix de 600 g

2 litres (8 tasses) d'huile de canola

125 ml (½ tasse) de parmesan râpé

1. Régler le four à la position «gril» (*broil*).

2. Sur une plaque de cuisson tapissée de papier parchemin, déposer les tomates. Cuire au four 8 minutes. Retirer du four et laisser tiédir.

3. Retirer la peau des tomates, puis les couper en deux et retirer les pépins. Couper les tomates en cubes.

4. Dans une poêle, chauffer l'huile d'olive à feu moyen. Faire revenir l'oignon 3 minutes.

5. Ajouter la cassonade, l'ail, le basilic, la pâte de tomates et les tomates. Cuire 30 minutes, en remuant constamment. Saler et poivrer. Retirer du feu et réserver au chaud.

6. Dans un bol, mélanger le mascarpone avec la sriracha. Réfrigérer.

7. Dans un sac hermétique, verser la chapelure. Sceller le sac et réduire la chapelure en miettes à l'aide d'un rouleau à pâte. Réserver.

8. Préparer trois assiettes creuses. Dans la première, verser la farine. Dans la deuxième, battre les œufs. Dans la troisième, mélanger la chapelure avec le thym. Saler et poivrer.

9. Fariner les raviolis, les tremper dans les œufs battus, puis les enrober de chapelure.

10. Dans une friteuse ou dans une grande casserole, chauffer l'huile jusqu'à ce qu'elle atteigne une température de 190 °C (375 °F) sur un thermomètre à cuisson. Si une casserole est utilisée, bien surveiller la cuisson pour éviter que l'huile ne surchauffe et ne s'enflamme. Cuire les raviolis de 2 à 3 minutes en les retournant à mi-cuisson, jusqu'à ce qu'ils soient dorés et croustillants. Assécher sur du papier absorbant. Saler.

11. Répartir les raviolis dans les assiettes. Garnir de parmesan. Servir avec la compote de tomates chaude et la sauce au mascarpone.

Notes

Je sers ce plat en entrée ou en petites bouchées avant le repas. J'aime bien utiliser les raviolis ricotta et épinards.

Toast aux pêches, burrata et prosciutto

Préparation : 15 minutes | **Cuisson :** 5 minutes | **Quantité :** 4 portions

30 ml (2 c. à soupe) d'huile d'olive

2 pêches coupées en quartiers

15 ml (1 c. à soupe) de sirop d'érable

4 tranches de pain de miche

1 contenant de burrata de 250 g, coupée en gros morceaux

4 tranches de prosciutto

125 ml (½ tasse) de roquette

15 ml (1 c. à soupe) de coulis de vinaigre balsamique

1. Dans une poêle striée, chauffer 15 ml (1 c. à soupe) d'huile d'olive à feu élevé. Faire griller les pêches avec le sirop d'érable de 3 à 4 minutes, jusqu'à ce que les pêches soient bien dorées. Retirer du feu et réserver.

2. Sur une plaque de cuisson tapissée de papier parchemin, déposer les tranches de pain. Arroser du reste de l'huile d'olive. Cuire au four à la position «gril» (*broil*) jusqu'à ce que les tranches de pain soient dorées.

3. Retirer du four et garnir les tranches de pain de burrata, de prosciutto, de pêches, de roquette et de coulis de vinaigre balsamique.

Notes

Faire griller les pêches fait ressortir leur sucre naturel, donc si vos pêches sont bien mûres, vous pourriez diminuer la quantité de sirop d'érable. C'est un repas que j'aime bien pour le dîner !

Sauce marinara

Préparation : 20 minutes | **Cuisson :** 25 minutes | **Quantité :** 8 portions

30 ml (2 c. à soupe) d'huile d'olive

1 oignon haché

4 gousses d'ail hachées

250 ml (1 tasse) de porto ou de vin rouge*

2 boîtes de tomates entières de 796 ml chacune

45 ml (3 c. à soupe) de sucre

30 ml (2 c. à soupe) de persil frais haché

15 ml (1 c. à soupe) de miel

10 ml (2 c. à thé) d'origan frais haché

15 feuilles de basilic frais hachées

Sel et poivre au goût

*Si vous choisissez du vin rouge, mettez plus de sucre, car le porto est plus sucré.

1. Dans une casserole, chauffer l'huile d'olive à feu moyen. Cuire l'oignon 5 minutes.
2. Ajouter l'ail et cuire 3 minutes.
3. Ajouter le porto ou le vin rouge et laisser mijoter de 10 à 12 minutes, jusqu'à réduction complète du liquide.
4. À l'aide du mélangeur-plongeur, broyer les tomates.
5. Ajouter les tomates broyées et le reste des ingrédients dans la casserole. Laisser mijoter de 15 à 20 minutes. Saler et poivrer généreusement.

Notes

J'utilise cette sauce partout ! Pour la base de ma sauce rosée, pour mon aubergine frite, avec mes pâtes aux boulettes de viande...

Tarte aux tomates et ricotta

Préparation : 20 minutes | **Cuisson :** 20 minutes | **Quantité :** 4 portions

Italienne

½ paquet de pâte feuilletée de 397 g

1 contenant de ricotta de 475 g

60 ml (¼ de tasse) de fromage à la crème à température ambiante

30 ml (2 c. à soupe) d'huile d'olive

15 ml (1 c. à soupe) de ciboulette fraîche hachée

½ citron (jus et zeste)

Sel et poivre au goût

15 à 20 tomates cerises de couleurs variées

Quelques feuilles de roquette

5 ml (1 c. à thé) de coulis de vinaigre balsamique

Pour la vinaigrette :

15 ml (1 c. à soupe) de ciboulette fraîche hachée

15 ml (1 c. à soupe) d'huile d'olive

15 ml (1 c. à soupe) de vinaigre de vin rouge

15 ml (1 c. à soupe) de sirop d'érable

15 ml (1 c. à soupe) de basilic frais haché finement

½ oignon vert haché

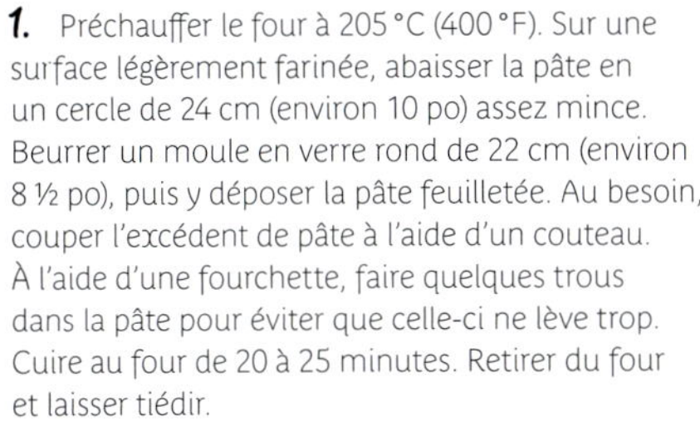

1. Préchauffer le four à 205 °C (400 °F). Sur une surface légèrement farinée, abaisser la pâte en un cercle de 24 cm (environ 10 po) assez mince. Beurrer un moule en verre rond de 22 cm (environ 8 ½ po), puis y déposer la pâte feuilletée. Au besoin, couper l'excédent de pâte à l'aide d'un couteau. À l'aide d'une fourchette, faire quelques trous dans la pâte pour éviter que celle-ci ne lève trop. Cuire au four de 20 à 25 minutes. Retirer du four et laisser tiédir.

2. Dans le contenant du robot culinaire, déposer la ricotta, le fromage à la crème, l'huile d'olive, la ciboulette, le jus de citron et le zeste de citron. Saler et poivrer. Mélanger environ 2 minutes, jusqu'à l'obtention d'une texture lisse. Réserver.

3. Pendant ce temps, couper les tomates cerises en deux, puis les déposer sur une grille. Saler pour faire sortir l'excédent d'eau. Laisser reposer 15 minutes.

4. Dans un bol, mélanger les ingrédients de la vinaigrette. Réserver.

5. Étaler la préparation à la ricotta au fond de l'abaisse de pâte.

6. Répartir les tomates cerises sur la préparation à la ricotta en alternant les couleurs. Garnir de roquette et arroser de coulis de vinaigre balsamique.

Risotto au parmesan et petits pois

Préparation : 20 minutes | **Cuisson :** 23 minutes | **Quantité :** 4 portions

1 contenant de bouillon de légumes de 900 ml

15 ml (1 c. à soupe) d'huile d'olive

1 oignon haché

500 ml (2 tasses) de riz arborio

125 ml (½ tasse) de vin blanc

250 ml (1 tasse) de parmesan râpé

125 ml (½ tasse) de mascarpone

125 ml (½ tasse) de crème à cuisson 15 %

30 ml (2 c. à soupe) de beurre

125 ml (½ tasse) de pancetta coupée en cubes

60 ml (¼ de tasse) de petits pois surgelés, décongelés

1 citron (zeste)

Sel et poivre au goût

1. Dans une casserole, porter le bouillon de légumes à ébullition. Réduire l'intensité du feu et maintenir le liquide frémissant (il doit rester chaud tout au long de la préparation).

2. Dans une autre casserole, chauffer l'huile d'olive à feu moyen. Cuire l'oignon de 1 à 2 minutes, jusqu'à ce qu'il devienne translucide.

3. Ajouter le riz arborio et remuer. Cuire environ 5 minutes, jusqu'à ce que le riz devienne translucide.

4. Ajouter le vin et laisser mijoter jusqu'à réduction complète du liquide.

5. Ajouter une louche de bouillon chaud et cuire en remuant constamment à l'aide d'une cuillère en bois, jusqu'à absorption complète du liquide. Répéter cette opération en ajoutant une louche de bouillon à la fois et en remuant constamment, jusqu'à ce qu'il n'y ait plus de bouillon. Cuire jusqu'à ce que le riz soit *al dente* (environ 25 minutes au total).

6. Ajouter le parmesan, le mascarpone, la crème et le beurre. Remuer.

7. Dans une autre poêle, cuire les cubes de pancetta à feu moyen jusqu'à ce qu'ils soient dorés. Retirer du feu et assécher sur du papier absorbant.

8. Ajouter la pancetta dans la casserole et remuer.

9. Répartir le risotto dans les assiettes. Garnir chaque portion de petits pois et de zestes de citron. Rectifier l'assaisonnement au besoin.

Coquilles farcies sauce rosée

Préparation : 25 minutes | **Cuisson :** 26 minutes | **Quantité :** 4 portions

15 ml (1 c. à soupe) d'huile d'olive

1 sac d'épinards frais de 171 g

1 échalote sèche (française) hachée

2 gousses d'ail hachées

16 coquilles géantes

500 ml (2 tasses) de sauce marinara*

125 ml (½ tasse) de crème à cuisson 15 %

1 contenant de ricotta de 475 g

10 ml (2 c. à thé) de muscade

250 ml (1 tasse) de cheddar ou de parmesan râpé

Sel et poivre au goût

1 œuf

*Voir ma recette de sauce marinara maison à la page 42.

1. Préchauffer le four à 180 °C (350 °F).
2. Dans une poêle, chauffer l'huile d'olive à feu moyen. Cuire les épinards, l'échalote et l'ail de 1 à 2 minutes. Retirer du feu et réserver.
3. Dans une casserole d'eau bouillante salée, cuire les coquilles *al dente*. Égoutter.
4. Pendant ce temps, porter à ébullition la sauce marinara avec la crème dans une autre casserole. Cuire 4 minutes.
5. Pendant ce temps, mélanger la ricotta avec la muscade, le cheddar et la préparation aux épinards dans un bol. Saler et poivrer. Ajouter l'œuf et remuer.
6. Farcir les coquilles avec la préparation à la ricotta.
7. Dans un plat de cuisson, verser la sauce rosée. Déposer les coquilles farcies dans le plat.
8. Cuire au four de 15 à 20 minutes.
9. Retirer du four. Servir avec la salade de roquette (voir recette ci-dessous).

Pour accompagner

Salade de roquette, tomates cerises, parmesan et balsamique

Dans un saladier, mélanger 1 litre (4 tasses) de roquette avec 12 tomates cerises coupées en deux, 125 ml (½ tasse) de copeaux de parmesan et 30 ml (2 c. à soupe) de coulis de vinaigre balsamique.

Veau parmigiana

Préparation : 20 minutes | **Cuisson :** 6 minutes | **Quantité :** 4 portions

4 escalopes de veau

Sel et poivre au goût

140 ml (½ tasse + 1 c. à soupe) de farine

2 œufs

80 ml (⅓ de tasse) de crème à cuisson 15 %

Sel et poivre au goût

250 ml (1 tasse) de chapelure nature

2,5 ml (½ c. à thé) de sel d'ail

125 ml (½ tasse) de parmesan râpé

125 ml (½ tasse) de persil frais haché

30 ml (2 c. à soupe) de beurre

30 ml (2 c. à soupe) d'huile d'olive

250 ml (1 tasse) de sauce marinara*

200 g (environ ½ lb) de mozzarella fraîche coupée en rondelles

*Voir ma recette de sauce marinara maison à la page 42.

1. À l'aide d'un attendrisseur à viande, aplatir les escalopes de veau. Saler et poivrer.

2. Préparer trois assiettes creuses. Dans la première, verser 125 ml (½ tasse) de farine. Saler et poivrer. Dans la deuxième, battre les œufs avec la crème et 15 ml (1 c. à soupe) de farine. Saler et poivrer. Dans la troisième, mélanger la chapelure avec le sel d'ail, le parmesan et le persil.

3. Fariner les escalopes, les tremper dans la préparation d'œufs battus, puis les enrober du mélange de chapelure.

4. Déposer une grille sur une plaque de cuisson, puis déposer les escalopes sur la grille. Laisser reposer 2 minutes pour laisser l'excédent de chapelure tomber.

5. Dans une poêle, chauffer le beurre avec l'huile à feu moyen. Cuire les escalopes 3 minutes de chaque côté, jusqu'à ce qu'elles soient dorées. Retirer du feu et réserver de nouveau sur la grille.

6. Transférer les escalopes dans un plat de cuisson. Garnir de sauce marinara et de morceaux de mozzarella. Arroser d'un filet d'huile d'olive.

7. Cuire au four à la position « gril » (*broil*) quelques minutes, jusqu'à ce que les escalopes soient dorées.

8. Retirer du four. Servir avec des capellinis à l'ail (voir recette ci-dessous).

Pour accompagner

Capellinis à l'ail

Dans une casserole d'eau bouillante salée, cuire 200 g (environ ½ lb) de capellinis *al dente*. Égoutter. Dans la même casserole, chauffer 30 ml (2 c. à soupe) d'huile d'olive à feu moyen. Cuire 5 gousses d'ail hachées de 1 à 2 minutes. Ajouter les pâtes. Saler, poivrer et remuer.

Pappardelles aux tomates séchées, poulet et pesto

Préparation : 25 minutes | **Cuisson :** 25 minutes | **Quantité :** 4 portions

15 ml (1 c. à soupe) d'huile d'olive

2 poitrines de poulet sans peau

12 nids de pappardelles

250 ml (1 tasse) de tomates séchées coupées en lanières

Pour le pesto :

250 ml (1 tasse) de feuilles de basilic frais

125 ml (½ tasse) de noix de Grenoble grillées coupées en morceaux

125 ml (½ tasse) de parmesan râpé

125 ml (½ tasse) d'huile d'olive

30 ml (2 c. à soupe) de jus de citron frais

2,5 ml (½ c. à thé) de sel

2,5 ml (½ c. à thé) de poivre moulu

2,5 ml (½ c. à thé) de sucre

1 gousse d'ail pelée

Pour les oignons caramélisés :

250 ml (1 tasse) d'oignons rouges émincés

60 ml (¼ de tasse) de sirop d'érable

30 ml (2 c. à soupe) de beurre

Sel au goût

1. Dans le contenant du robot culinaire, déposer les ingrédients pour le pesto. Mélanger de 1 à 2 minutes, jusqu'à l'obtention d'une texture de pesto. Réserver.

2. Dans une casserole, chauffer l'huile d'olive à feu moyen. Cuire les poitrines de poulet de 12 à 15 minutes, jusqu'à ce que l'intérieur de la chair ait perdu sa teinte rosée. Retirer du feu et laisser reposer 5 minutes.

3. Couper les poitrines de poulet en petits dés.

4. Pendant ce temps, préparer les oignons caramélisés. Dans une poêle, cuire les oignons rouges avec le sirop d'érable de 15 à 20 minutes à feu moyen, jusqu'à réduction complète du liquide. Ajouter le beurre. Saler et remuer.

5. Ajouter les morceaux de poulet dans la poêle et remuer. Retirer du feu et réserver.

6. Dans une casserole d'eau bouillante salée, cuire les pâtes *al dente*. Égoutter et remettre dans la casserole.

7. Ajouter les tomates séchées, 310 ml (1 ¼ tasse) de pesto et la préparation au poulet dans la casserole contenant les pâtes. Remuer. Servir immédiatement.

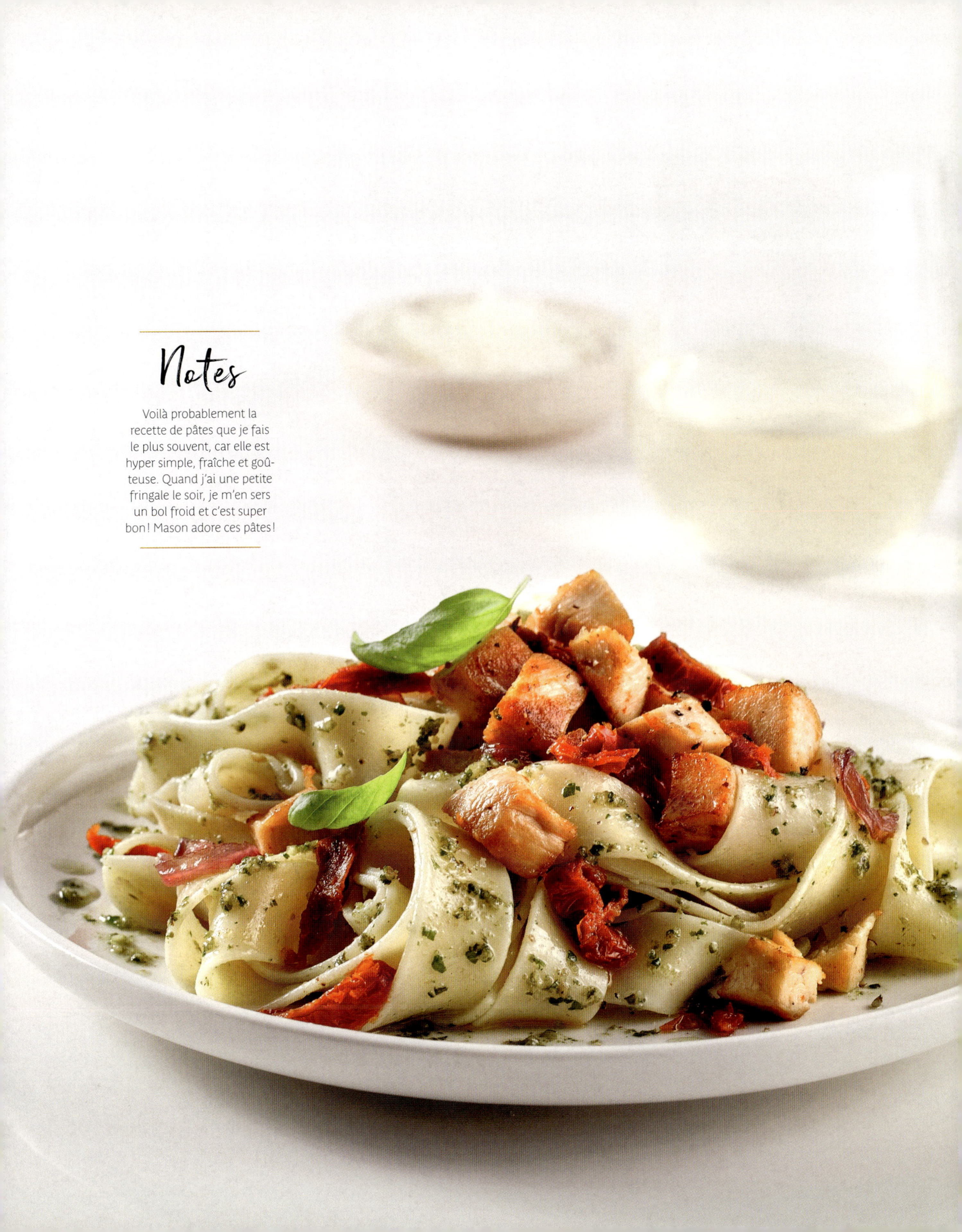

Voilà probablement la recette de pâtes que je fais le plus souvent, car elle est hyper simple, fraîche et goûteuse. Quand j'ai une petite fringale le soir, je m'en sers un bol froid et c'est super bon! Mason adore ces pâtes!

Poulet aux poivrons et prosciutto

Préparation : 15 minutes | **Cuisson :** 1 heure | **Quantité :** 4 portions

- 45 ml (3 c. à soupe) d'huile d'olive
- 10 tranches de prosciutto coupées en lanières
- 3 poivrons de couleurs variées coupés en lanières
- 100 ml (⅓ de tasse + 4 c. à thé) de câpres
- 15 tomates séchées émincées
- 3 poitrines de poulet sans peau
- 1 échalote sèche (française)
- 60 ml (¼ de tasse) de pâte de tomates
- 125 ml (½ tasse) de vin rouge
- 1 boîte de tomates en dés de 796 ml
- 500 ml (2 tasses) de bouillon de légumes

1. Préchauffer le four à 180 °C (350 °F).
2. Dans une poêle allant au four, chauffer 15 ml (1 c. à soupe) d'huile d'olive à feu moyen. Cuire les lanières de prosciutto de 3 à 4 minutes.
3. Ajouter les lanières de poivrons, les câpres et les tomates séchées. Cuire 2 minutes. Réserver dans un bol.
4. Dans la même poêle, chauffer 15 ml (1 c. à soupe) d'huile d'olive à feu vif. Faire dorer les poitrines de poulet de 2 à 3 minutes de chaque côté. Transférer dans une assiette et réserver.
5. Dans la même poêle, chauffer 15 ml (1 c. à soupe) d'huile d'olive à feu moyen. Faire revenir l'échalote 3 minutes.
6. Ajouter la pâte de tomates et le vin rouge. Laisser réduire 1 minute.
7. Ajouter les tomates en dés et le bouillon de légumes. Porter à ébullition, puis cuire de 3 à 4 minutes.
8. Remettre les poitrines de poulet et la préparation aux poivrons dans la poêle. Remuer.
9. Cuire au four de 45 minutes à 1 heure.
10. Déposer la préparation au centre de la table. Garnir de fines herbes au choix et arroser d'un filet d'huile d'olive.
11. Servir avec une purée de pommes de terre ou des pommes de terre rôties.

Notes

Mon mari adore ce plat, puisqu'une fois réchauffé le lendemain au travail, c'est toujours super bon, tendre et savoureux. Un excellent repas de semaine qui fait de délicieux lunchs !

Italienne

Tagliatelles au homard, sauce crémeuse rosée

Préparation : 30 minutes | **Cuisson :** 40 minutes | **Quantité :** 4 portions

Notes

À l'époque où je travaillais dans un resto français, on faisait ce plat, mais avec du corail de homard (des œufs en formation qu'on ne retrouve naturellement que dans les femelles). Leur couleur rouge vif donnait une teinte rosée au plat. Comme il n'est pas toujours évident de se procurer des homards femelles, j'ai plutôt élaboré la sauce à partir de tomates, ce qui donne un résultat tout aussi goûteux. Aussi, l'estragon est essentiel dans ce plat, il lui donne un petit goût anisé. J'ai essayé sans, et j'ai vraiment pu voir que c'est ce qui fait la sauce.

2 homards de 1 lb à 1 ¼ lb chacun

12 nids de tagliatelles

15 ml (1 c. à soupe) de beurre

2 oignons verts hachés

Sel et poivre au goût

Pour la sauce crémeuse :

30 ml (2 c. à soupe) d'huile d'olive

2 échalotes sèches (françaises) hachées grossièrement

3 branches d'estragon frais

3 gousses d'ail hachées grossièrement

3 tomates coupées en gros morceaux

5 ml (1 c. à thé) de sucre

6,25 ml (1 c. à thé + ¼ de c. à thé) de sel

125 ml (½ tasse) de vin blanc

125 ml (½ tasse) de pâte de tomates

4 tiges de thym frais effeuillées

60 ml (¼ de tasse) de persil frais haché

2,5 ml (½ c. à thé) de flocons de piment broyés (mettre 1 pincée seulement si on aime moins épicé)

45 ml (3 c. à soupe) de vinaigre de vin rouge

750 ml (3 tasses) de crème à cuisson 35 %

Sel et poivre au goût

Pour décorer :

Ciboulette fraîche ciselée au goût

125 ml (½ tasse) de copeaux de parmesan

1 citron (zeste)

Étapes de préparation du homard :

1. Dans une casserole d'eau bouillante salée, cuire les homards 8 minutes. Égoutter.

2. Décortiquer les homards en déposant la chair dans un bol au fur et à mesure.

3. Couper la chair en cubes en s'assurant de garder la chair des pinces intacte (elle servira pour décorer). Réserver au frais.

4. Jeter les têtes. Concasser les carcasses des homards.

Étapes de préparation de la sauce :

1. Dans une grande casserole, chauffer l'huile d'olive à feu moyen-élevé. Faire revenir les échalotes avec l'estragon et les carcasses de homard de 4 à 5 minutes.

2. Ajouter l'ail, les tomates, le sucre et le sel. Cuire 5 minutes à feu moyen, jusqu'à ce que les tomates se défassent légèrement. Pendant ce temps, cuire les tagliatelles *al dente* dans une casserole d'eau bouillante salée. Égoutter.

3. Ajouter le vin blanc dans la casserole contenant la préparation aux tomates. Laisser réduire 2 minutes. Ajouter la pâte de tomates, le thym, le persil, les flocons de piment broyés, le vinaigre de vin rouge et la crème. Porter à ébullition, puis laisser mijoter de 15 à 20 minutes à feu doux-moyen.

4. À l'aide d'une passoire, filtrer la sauce au-dessus d'un bol. À l'aide d'une cuillère en bois, presser les éléments solides dans la passoire pour en extraire le plus de saveurs possible. Remettre la sauce dans la casserole et réchauffer quelques minutes. Saler et poivrer.

5. Dans une poêle, faire fondre le beurre à feu moyen. Ajouter les morceaux de chair de homard et les oignons verts. Remuer et cuire 2 minutes. Retirer du feu et réserver.

6. Ajouter les tagliatelles à la sauce chaude et cuire 1 minute. Ajouter le homard et remuer. Retirer du feu. Répartir la préparation dans quatre assiettes. Garnir de ciboulette, de copeaux de parmesan et de zestes de citron. Saler et poivrer. Servir immédiatement.

Tartare de bœuf à l'italienne

Préparation : 15 minutes | **Réfrigération :** 15 minutes
Quantité : 4 portions (entrée) ou 2 portions (plat principal)

Quelques micropousses pour décorer

Pour le tartare :

250 g (environ ½ lb) de filet mignon de bœuf très frais coupé en petits dés

125 ml (½ tasse) de parmesan coupé en petits cubes

60 ml (¼ de tasse) de câpres hachées grossièrement

15 ml (1 c. à soupe) de mayonnaise

10 ml (2 c. à thé) de moutarde de Meaux

7,5 ml (½ c. à soupe) de moutarde de Dijon

7,5 ml (½ c. à soupe) de sauce Worcestershire

1,25 ml (¼ de c. à thé) de tabasco

12 tomates séchées hachées

1 à 2 oignons verts hachés

Sel et poivre au goût

Pour la ricotta fouettée :

250 ml (1 tasse) de ricotta

45 ml (3 c. à soupe) d'huile d'olive

Sel au goût

1. Dans un bol, mélanger les ingrédients du tartare. Réserver au frais au moins 15 minutes.
2. Dans le contenant du mélangeur électrique, déposer les ingrédients pour la ricotta fouettée. Mélanger jusqu'à l'obtention d'une préparation homogène. Réserver au frais.
3. Au moment de servir, répartir la ricotta fouettée dans les assiettes.
4. Déposer un emporte-pièce rond de 7,5 cm (3 po) de diamètre dans l'une des assiettes. Remplir l'emporte-pièce de tartare et presser avec le dos d'une cuillère pour égaliser la surface. Démouler délicatement. Répéter afin de former les autres portions.
5. Garnir les tartares de micropousses. Servir avec des croûtons grillés au four et une salade verte.

Notes

Chaque fois qu'on cuisine un tartare, c'est Max qui le fait, car personne ne coupe la viande en petits, petits cubes aussi bien que lui ! La tâche que j'aimais le moins quand j'étais cuisinière dans les restaurants, c'était justement de hacher tout le saumon et la viande pour les tartares. Heureusement, Max m'enlève cette tâche aujourd'hui !

Langoustines et orzo, chapelure aromatisée au thym et à l'ail

Préparation : 25 minutes | **Cuisson :** 22 minutes | **Quantité :** 4 portions

250 ml (1 tasse) de beurre fondu

3 gousses d'ail hachées

45 ml (3 c. à soupe) de persil frais haché

5 ml (1 c. à thé) de thym frais haché

1 citron (jus et zeste)

Sel et poivre au goût

16 petites langoustines

Pour la chapelure :

45 ml (3 c. à soupe) de beurre

15 ml (1 c. à soupe) d'huile d'olive

250 ml (1 tasse) de chapelure panko

15 ml (1 c. à soupe) de thym frais haché

1 gousse d'ail hachée

1 pincée de sel

Pour l'orzo :

30 ml (2 c. à soupe) d'huile d'olive

750 ml (3 tasses) d'orzo

1 contenant de bouillon de légumes de 900 ml

1 citron (zeste)

125 ml (½ tasse) de tomates séchées coupées en julienne (10 à 12 tomates séchées)

30 ml (2 c. à soupe) de câpres

2,5 ml (½ c. à thé) de sel

Poivre au goût

1. Préchauffer le four à 205 °C (400 °F).
2. Préparer la chapelure. Dans une casserole, chauffer le beurre avec l'huile d'olive à feu moyen. Cuire la chapelure avec le thym de 2 à 3 minutes en remuant constamment, jusqu'à ce que la préparation soit bien dorée.
3. Ajouter l'ail et le sel. Cuire 1 minute. Retirer du feu et réserver dans un bol.
4. Préparer l'orzo. Dans la même casserole, chauffer l'huile à feu moyen. Cuire l'orzo jusqu'à ce qu'il soit doré.
5. Ajouter une louche de bouillon de légumes et cuire en remuant constamment à l'aide d'une cuillère en bois, jusqu'à absorption complète du liquide. Répéter cette opération en ajoutant une louche de bouillon à la fois et en remuant constamment, jusqu'à ce qu'il n'y ait plus de bouillon et que l'orzo soit cuit.
6. Ajouter le zeste de citron, les tomates séchées, les câpres et le sel. Poivrer et remuer.
7. Dans un bol, mélanger le beurre fondu avec l'ail, le persil, le thym, le jus de citron et le zeste de citron. Saler et poivrer.
8. Dans un plat de cuisson, déposer les langoustines, la chair vers le haut. Verser la préparation au beurre sur les langoustines.
9. Cuire au four 10 minutes, jusqu'à ce que les langoustines soient rosées. Retirer du four et réserver un peu du beurre à l'ail fondu contenu dans le plat.
10. Répartir l'orzo dans quatre assiettes, puis garnir de langoustines. Parsemer les langoustines de chapelure. Décorer l'assiette avec un filet de beurre à l'ail réservé.

Notes

La recette d'orzo est tellement simple à faire, mais si savoureuse ! Je la fais souvent comme salade tiède. Même froide, elle est super bonne. J'aime y ajouter du thon quand je la mange sans langoustines.

Sauce à spaghetti de ma mommy

Préparation : 25 minutes | **Cuisson :** 3 heures | **Quantité :** environ 5 litres (20 tasses)

2 sacs de mélange de légumes surgelés pour spaghetti de 750 g chacun

15 ml (1 c. à soupe) d'huile d'olive

908 g (2 lb) de bœuf haché mi-maigre

500 ml (2 tasses) de parmesan râpé

1 bouteille de cocktail de légumes de 1,89 litre

2 boîtes de soupe aux tomates de 284 ml chacune

1 boîte de pâte de tomates de 369 ml

375 ml (1 ½ tasse) de ketchup

250 ml (1 tasse) de sauce chili

250 ml (1 tasse) de cassonade

125 ml (½ tasse) de bouillon concentré au choix (de type Bovril)

125 ml (½ tasse) de sauce Worcestershire

45 ml (3 c. à soupe) de sel

30 ml (2 c. à soupe) de sauce soya

30 ml (2 c. à soupe) de tabasco

1. Préchauffer le four à 180 °C (350 °F).
2. Couper les mélanges de légumes en plus petits dés.
3. Dans une grande casserole allant au four, chauffer l'huile d'olive à feu moyen. Cuire le bœuf haché quelques minutes en égrainant la viande à l'aide d'une cuillère en bois, jusqu'à ce qu'elle ait perdu sa teinte rosée.
4. Ajouter le parmesan et cuire 1 minute.
5. Ajouter les mélanges de légumes et cuire 5 minutes.
6. Ajouter le reste des ingrédients et porter à ébullition.
7. Cuire au four 3 heures, en remuant quelques fois et en s'assurant de retirer le gras à la surface avec une grosse cuillère en cours de cuisson.

Aubergine frite farcie à la ricotta

Préparation : 30 minutes | **Temps de repos :** 25 minutes | **Cuisson :** 12 minutes | **Quantité :** 4 portions

1 aubergine

250 ml (1 tasse) de farine

Sel et poivre au goût

3 œufs

500 ml (2 tasses) de chapelure assaisonnée à l'italienne

125 ml (½ tasse) de parmesan râpé

30 ml (2 c. à soupe) de persil ou d'origan séché

2 litres (8 tasses) d'huile de canola

1 contenant de burrata de 250 g

250 ml (1 tasse) de sauce marinara*

Basilic frais ciselé au goût

Pour la farce à la ricotta :

1 contenant de ricotta de 475 g

125 ml (½ tasse) de parmesan râpé

30 ml (2 c. à soupe) de persil frais haché

30 ml (2 c. à soupe) de basilic frais haché

1,25 ml (¼ de c. à thé) de flocons de piment broyés

Sel et poivre au goût

1 œuf

*Voir ma recette maison à la page 42.

1. Préchauffer le four à 205 °C (400 °F).

2. Couper finement l'aubergine en tranches sur la longueur ou en rondelles, puis les déposer sur une grille en déposant une plaque de cuisson en dessous. Saler généreusement et laisser reposer environ 25 minutes afin de faire ressortir l'eau.

3. Dans un bol, mélanger les ingrédients de la farce, à l'exception de l'œuf. Goûter et rectifier l'assaisonnement au besoin. Ajouter l'œuf et remuer. Réserver au frais.

4. À l'aide de papier absorbant, éponger l'excédent d'eau et de sel sur les tranches d'aubergine.

5. Préparer trois assiettes creuses. Dans la première, verser la farine. Saler et poivrer. Dans la deuxième, battre les œufs. Saler et poivrer. Dans la troisième, mélanger la chapelure avec le parmesan et le persil. Saler et poivrer.

6. Fariner les tranches d'aubergine, les tremper dans les œufs battus, puis les enrober du mélange de chapelure.

7. Dans une friteuse ou dans une grande casserole, chauffer l'huile jusqu'à ce qu'elle atteigne une température de 180 °C (350 °F) sur un thermomètre à cuisson. Si une casserole est utilisée, bien surveiller la cuisson pour éviter que l'huile ne surchauffe et ne s'enflamme. Cuire les aubergines de 2 à 3 minutes de chaque côté. Assécher sur du papier absorbant et saler.

8. Déposer les aubergines sur une plaque de cuisson. Déposer une bonne cuillerée de farce à la ricotta au centre des aubergines, sans l'étendre. Garnir de burrata. Cuire au four 5 minutes.

9. Régler le four à la position « gril » (*broil*) et poursuivre la cuisson 3 minutes.

10. Dans une casserole, réchauffer la sauce marinara à feu moyen.

11. Répartir la sauce marinara au centre de quatre assiettes. Déposer les aubergines dans les assiettes, en s'assurant qu'elles touchent légèrement la sauce. Garnir de basilic. Si désiré, arroser d'un filet d'huile d'olive.

Notes

Ce plat est tellement savoureux qu'on oublie que c'est une recette végétarienne ! Il est important de mettre la ricotta seulement au centre de l'aubergine avant de chauffer celle-ci, sinon l'aubergine deviendra trop molle. Aussi, lorsqu'on dépose l'aubergine sur la sauce dans l'assiette, l'aubergine devrait seulement toucher un peu à la sauce pour éviter encore une fois qu'elle ne devienne trop molle. J'aime beaucoup le petit côté piquant des flocons de piment, mais vous pourriez ne pas les mettre si vous êtes moins du type épicé. Cette recette est facile à préparer à l'avance : je fais frire les aubergines, je les mets dans un gros sac hermétique, puis je prépare la sauce et la farce à la ricotta. Au moment de servir, il ne reste qu'à mettre l'aubergine au four avec la farce à la ricotta et la mozzarella pour que ça redevienne croustillant !

Boulettes de viande

Préparation : 20 minutes | **Cuisson :** 15 minutes | **Quantité :** 6 portions

300 g (⅔ de lb) de bœuf haché mi-maigre

300 g (⅔ de lb) de porc haché

300 g (⅔ de lb) de veau haché

250 ml (1 tasse) de ricotta

180 ml (¾ de tasse) de chapelure nature

180 ml (¾ de tasse) de parmesan râpé

125 ml (½ tasse) de persil frais haché

60 ml (¼ de tasse) d'origan frais haché

15 ml (1 c. à soupe) de sel d'ail

5 ml (1 c. à thé) de sel

2,5 ml (½ c. à thé) de flocons de piment broyés

2 œufs

1 tranche de pain frais coupée en petits morceaux

Poivre au goût

1. Préchauffer le four à 205 °C (400 °F).
2. Dans un bol, mélanger tous les ingrédients.
3. À l'aide d'une cuillère à crème glacée, façonner 24 boulettes en utilisant environ 45 ml (3 c. à soupe) de préparation pour chacune d'elles. Rouler les boulettes avec les mains.
4. Sur une plaque de cuisson tapissée de papier parchemin, déposer les boulettes. Cuire au four de 15 à 18 minutes, jusqu'à ce que l'intérieur des boulettes ait perdu sa teinte rosée.

Notes

Je sers ces boulettes avec des spaghettis et une sauce tomate. Elles sont aussi très bien en entrée, avec un peu de sauce tomate sur une salade de roquette ou encore dans un sandwich de style *meatball sub*.

Orzo au chocolat blanc

Préparation : 20 minutes | **Cuisson :** 12 minutes | **Temps de repos :** 20 minutes | **Réfrigération :** 30 minutes
Quantité : 8 portions

1 litre (4 tasses) de lait

45 ml (3 c. à soupe) de sirop d'érable

1 bâton de cannelle

1 gousse de vanille fendue en deux ou 5 ml (1 c. à thé) d'extrait de vanille

330 ml (1 ⅓ tasse) d'orzo

1 pincée de sel

250 ml (1 tasse) de chocolat blanc haché

Quelques copeaux de chocolat blanc pour décorer (facultatif)

Pour les bananes caramélisées :

30 ml (2 c. à soupe) de beurre

1 banane coupée en rondelles

80 ml (⅓ de tasse) de sirop d'érable

15 ml (1 c. à soupe) de zestes d'orange

1. Dans une casserole, mélanger le lait avec le sirop d'érable, la cannelle et la vanille. Porter à ébullition à feu moyen, puis réduire le feu à doux. Retirer le bâton de cannelle et la gousse de vanille.

2. Ajouter l'orzo et cuire 10 minutes en remuant constamment avec une cuillère en bois, jusqu'à ce que l'orzo soit tendre.

3. Ajouter le sel et le chocolat. Remuer jusqu'à ce que le chocolat soit fondu. (Il est normal qu'il reste beaucoup de lait.)

4. Retirer du feu et transférer la préparation dans un bol. Déposer une pellicule plastique directement sur la préparation chaude pour éviter qu'un film ne se forme à la surface. Laisser reposer de 20 à 30 minutes à température ambiante, puis réfrigérer au moins 30 minutes.

5. Pendant ce temps, faire fondre le beurre dans une poêle. Faire dorer les rondelles de bananes avec le sirop d'érable et les zestes d'orange de 2 à 3 minutes de chaque côté. Retirer du feu.

6. Répartir l'orzo dans huit verrines. Garnir de bananes caramélisées. Si désiré, garnir de copeaux de chocolat blanc.

The Cookie Book

Française

Puisque j'ai été formée par un chef français, j'ai un attachement particulier pour la cuisine française. Avec ces recettes, je vous convie à une expérience gastronomique digne des meilleurs bistros parisiens ! À vous les pappardelles au canard (la première recette que j'ai cuisinée pour mon mari !), la salade de canard confit, le poulet cordon bleu, le filet de porc sauce aux cerises et les truffes au chocolat !

Beurre blanc et pétoncles

Préparation : 15 minutes | **Cuisson :** 15 minutes | **Quantité :** 4 portions

12 à 16 pétoncles géants (calibre U15)

Sel et poivre au goût

Pour le beurre blanc :

1 échalote sèche (française) hachée

1 feuille de laurier

80 ml (⅓ de tasse) de vin blanc

80 ml (⅓ de tasse) de vinaigre de vin rouge

½ citron (jus)

125 ml (½ tasse) de crème à cuisson 35 %

250 g (environ ½ lb) de beurre froid coupé en cubes

1. Dans une casserole, déposer l'échalote, la feuille de laurier, le vin, le vinaigre de vin rouge et le jus de citron. Porter à ébullition, puis cuire à feu doux jusqu'à réduction complète du liquide. Il est important qu'il ne reste plus de liquide, sinon la crème se séparera à l'étape suivante. Seul le goût du vin doit demeurer dans les échalotes.

2. Retirer la feuille de laurier de la casserole.

3. Ajouter la crème dans la casserole et remuer. Ajouter quelques cubes de beurre à la fois en fouettant constamment et en poursuivant la cuisson à feu doux. Ne pas porter à ébullition.

4. À l'aide d'une passoire fine, filtrer la sauce pour retirer les échalotes, en prenant soin de presser les échalotes dans la passoire pour en faire ressortir le goût.

5. Remettre la sauce dans la casserole et maintenir chaude à feu doux.

6. Pendant ce temps, faire dorer les pétoncles de 2 à 3 minutes de chaque côté à feu moyen-élevé dans une poêle. Saler et poivrer.

7. Servir les pétoncles avec le beurre blanc et, si désiré, le risotto au parmesan et petis pois (voir la recette à la page 46).

Notes

Cette sauce est bonne sur n'importe quel type de poisson ou de fruits de mer. J'aime la servir avec de la morue ou du saumon, mais c'est selon moi avec les pétoncles que le mariage des saveurs est à son meilleur !

Pappardelles au canard confit, sauce crémeuse au vin rouge et confit de canneberges

Préparation : 30 minutes | **Cuisson :** 43 minutes | **Quantité :** 4 portions

750 ml (3 tasses) de canneberges surgelées

180 ml (¾ de tasse) de sucre

4 cuisses de canard confites sous vide

15 ml (1 c. à soupe) de beurre

30 ml (2 c. à soupe) d'huile d'olive

2 échalotes sèches (françaises) hachées

500 ml (2 tasses) de vin rouge

30 ml (2 c. à soupe) de fond de veau concentré (de type Veau de lait du Québec)

250 ml (1 tasse) de crème à cuisson 35 %

250 ml (1 tasse) de fromage à la crème

125 ml (½ tasse) de confiture de cerises

500 g (environ 1 lb) de pappardelles

125 ml (½ tasse) de roquette

Poivre au goût

1. Dans une casserole, mélanger les canneberges avec le sucre. Porter à ébullition, puis laisser mijoter 10 minutes, jusqu'à ce que la préparation ait une texture de confiture et qu'il n'y ait plus de liquide.

2. Pendant ce temps, déposer les sacs sous vide contenant les cuisses de canard dans une casserole d'eau bouillante. Cuire 10 minutes. (Je préfère utiliser cette méthode plutôt que celle au four, car ainsi, le canard ne s'assèche pas.)

3. Transférer les sacs contenant les cuisses de canard dans une assiette. Retirer les cuisses des sacs et effilocher la chair à l'aide d'une fourchette. Réserver.

4. Dans une poêle, chauffer le beurre et la moitié de l'huile à feu moyen. Faire suer les échalotes. Déglacer avec le vin rouge à feu vif, puis laisser mijoter environ 15 minutes, jusqu'à ce que la préparation ait réduit de moitié.

5. Ajouter le fond de veau concentré et remuer. Cuire 2 minutes à feu moyen.

6. Incorporer la crème, le fromage à la crème et la confiture de cerises. Laisser mijoter 15 minutes.

7. Pendant ce temps, cuire les pappardelles de 6 à 7 minutes dans une casserole d'eau bouillante salée, jusqu'à ce qu'elles soient *al dente*. Égoutter.

8. Dans un bol, mélanger le reste de l'huile d'olive avec la roquette.

9. Ajouter les pâtes dans la casserole contenant la sauce et remuer. Ajouter le canard effiloché et réchauffer de 1 à 2 minutes en remuant.

10. Répartir les pâtes dans les assiettes. Garnir chaque portion d'une bonne cuillère de confit de canneberges et de roquette. Poivrer.

Notes

C'est ce plat que j'ai publié en premier sur Instagram, celui avec lequel tout a commencé ! Les gens qui me suivaient ont tout de suite adoré que je filme la préparation de mes repas et ont développé un intérêt pour ce que je cuisinais. Depuis ces pâtes au canard, je n'ai jamais cessé d'ajouter de nouvelles recettes ! J'ai déjà fait ce plat avec des tagliatelles, ce qui est super bon aussi, mais je préfère les pappardelles. Un restaurant très réputé de Québec m'a même déjà contactée pour acheter ma recette ! J'ai refusé parce que je savais qu'un jour, mon rêve d'écrire un livre de recettes se réaliserait, et ce plat est sans aucun doute celui que je préfère parmi tous ceux que j'ai créés. Hors de question que quelqu'un d'autre s'approprie ce petit bijou !

Poulet cordon bleu avec prosciutto

Préparation : 30 minutes | **Congélation :** 20 minutes | **Cuisson :** 25 minutes | **Quantité :** 4 portions

Notes

Pour la touche finale, je fais griller une petite quantité du mélange de panure pour en parsemer un peu sur les tranches de poulet une fois l'assiette dressée. Je décore aussi le plat d'une tranche de prosciutto que je mets simplement au four quelques minutes à 205 °C (400 °F) pour lui donner une texture de chip. Je fais souvent la sauce telle quelle, mais pour lui donner un petit plus, j'aime bien faire rôtir de l'ail au four et y ajouter quelques bulbes rôtis. Pour ce faire, coupez le dessus d'une tête d'ail, arrosez d'un filet d'huile d'olive, couvrez de papier d'aluminium et faites rôtir au four 1 heure à 180 °C (350 °F).

Française

2 poitrines de poulet sans peau coupées en deux sur l'épaisseur

10 à 12 tranches de prosciutto

500 ml (2 tasses) de fromage emmental ou gruyère râpé

45 ml (3 c. à soupe) de beurre

2 gousses d'ail hachées

60 ml (¼ de tasse) de farine

500 ml (2 tasses) de lait

15 ml (1 c. à soupe) de moutarde de Dijon

60 ml (¼ de tasse) de mascarpone (facultatif)

Quelques gouttes de tabasco (facultatif)

60 ml (¼ de tasse) d'huile d'olive

Pour la panure :

500 ml (2 tasses) de chapelure panko

15 ml (1 c. à soupe) de thym frais haché

Sel et poivre au goût

250 ml (1 tasse) de farine

3 œufs

1. Préchauffer le four à 180 °C (350 °F). Déposer les demi-poitrines de poulet entre deux épaisseurs de pellicule plastique, puis les aplatir à l'aide d'un attendrisseur à viande.

2. Répartir les tranches de prosciutto sur les demi-poitrines de poulet. Parsemer de 250 ml (1 tasse) de fromage. Rouler les demi-poitrines en serrant et les envelopper dans des pellicules plastique. Placer au congélateur de 20 à 25 minutes pour permettre à la panure de mieux adhérer.

3. Pendant ce temps, faire fondre le beurre dans une poêle. Cuire l'ail et la farine 1 minute. Incorporer le lait en remuant à l'aide d'une cuillère en bois. Ajouter le reste du fromage, la moutarde de Dijon et, si désiré, le mascarpone et le tabasco. Remuer. Retirer du feu et réserver.

4. Déposer la chapelure panko dans un sac hermétique et sceller le sac. Écraser la chapelure à l'aide d'un rouleau à pâte. Ajouter le thym, le sel et le poivre dans le sac. Secouer. Préparer trois assiettes creuses. Dans la première, verser la farine. Dans la deuxième, battre les œufs. Dans la troisième, verser la chapelure panko. Fariner les demi-poitrines de poulet, les tremper dans les œufs battus, puis les enrober de chapelure. Plus la chapelure est bien écrasée, plus la panure adhérera au poulet.

5. Dans une poêle, chauffer l'huile à feu moyen. Faire dorer le poulet sur toutes les faces. Transférer le poulet sur une plaque de cuisson tapissée de papier parchemin. Cuire au four de 25 à 30 minutes. Retirer du four et laisser reposer quelques minutes avant de couper en tranches. Servir avec la sauce, une purée de pommes de terre et des légumes au choix.

Filet de porc et sauce demi-glace aux cerises

Préparation : 20 minutes | **Cuisson :** 25 minutes | **Quantité :** 4 portions

30 ml (2 c. à soupe) d'huile d'olive

1 filet de porc de 675 g (environ 1 ½ lb)

Sel et poivre au goût

Pour la sauce :

2 échalotes sèches (françaises) émincées

310 ml (1 ¼ tasse) de porto

500 ml (2 tasses) de cerises dénoyautées surgelées coupées en deux

55 ml (environ ¼ de tasse) de confiture de cerises

10 ml (2 c. à thé) de sauce demi-glace de veau

80 ml (⅓ de tasse) de bouillon de bœuf ou de légumes

60 ml (¼ de tasse) de beurre froid coupé en cubes

1. Préchauffer le four à 180 °C (350 °F).
2. Dans une poêle, chauffer la moitié de l'huile d'olive à feu élevé. Saisir le filet de porc. Saler et poivrer.
3. Retirer le filet de la poêle et le déposer sur une plaque de cuisson tapissée de papier parchemin. Cuire au four de 15 à 20 minutes.
4. Retirer le filet du four et le transférer dans une assiette. Couvrir de papier d'aluminium, sans serrer, et laisser reposer 5 minutes avant de trancher.
5. Pendant ce temps, préparer la sauce. Dans la même poêle, chauffer le reste de l'huile à feu moyen. Faire revenir les échalotes.
6. Ajouter le porto et laisser mijoter jusqu'à ce que le liquide ait réduit de moitié.
7. Ajouter les cerises et cuire 1 minute.
8. Ajouter la confiture, la sauce demi-glace et le bouillon. Laisser mijoter de 10 à 15 minutes à feu doux, jusqu'à ce que la sauce nappe le dos d'une cuillère.
9. Ajouter les cubes de beurre en fouettant. Servir avec le filet de porc.

Notes

J'aime servir ce filet de porc avec une purée de patates douces. Je fais bouillir des patates douces, je les égoutte, puis je les passe dans le robot culinaire avec une touche de miel, beaucoup de sel et de beurre et un peu de poivre. Je sers aussi avec quelques légumes grillés.

Salade de canard confit, mayonnaise à l'huile de truffe et légumes croquants

Préparation : 25 minutes | **Cuisson :** 1 minute | **Quantité :** 4 portions

4 cuisses de canard confites

1 botte d'asperges

250 ml (1 tasse) de mayonnaise

35 ml (2 c. à soupe + 1 c. à thé) de moutarde de Dijon

30 ml (2 c. à soupe) d'huile de truffe

60 ml (¼ de tasse) de câpres hachées grossièrement

1 contenant de mélange de laitues printanier de 312 g

125 ml (½ tasse) de tomates cerises coupées en quatre

Quelques copeaux de parmesan

Pour la vinaigrette :

80 ml (⅓ de tasse) d'huile d'olive

30 ml (2 c. à soupe) de sirop d'érable

20 ml (4 c. à thé) de vinaigre balsamique

7,5 ml (½ c. à soupe) de moutarde de Dijon

Sel et poivre au goût

1. Réchauffer les cuisses de canard confites selon les indications de l'emballage.
2. Retirer la peau des cuisses de canard et effilocher la chair à l'aide de deux fourchettes. Retirer les morceaux de gras. Réserver.
3. Couper la base des asperges.
4. Dans une casserole d'eau bouillante salée, blanchir les asperges environ 30 secondes, en prenant soin de les garder *al dente*. Égoutter et rincer abondamment à l'eau froide, puis déposer dans un bol rempli d'eau froide et de quelques glaçons pour stopper la cuisson le plus rapidement possible. Selon la grosseur des asperges, les laisser entières ou les couper en deux sur la longueur.
5. Dans un bol, mélanger la mayonnaise avec la moutarde de Dijon, l'huile de truffe et les câpres. Réserver.
6. Dans un saladier, mélanger les ingrédients de la vinaigrette. Ajouter le mélange de laitues, les asperges et les tomates cerises. Remuer.
7. Répartir la salade dans les assiettes. Garnir de parmesan. Ajouter le canard confit à côté de la salade (servir à température ambiante). À l'aide d'une cuillère, napper l'assiette d'une généreuse portion de mayonnaise à l'huile de truffe.

Notes

Parfois, j'aime faire frire des câpres pour garnir la préparation. C'est facultatif, mais tellement beau et bon ! Pour ce faire, égouttez des câpres et asséchez-les avec un papier essuie-tout. Ensuite, faites-les frire dans de l'huile très chaude environ 3 minutes. Déposez-les sur la mayonnaise et ajoutez un filet d'huile de truffe et de caramel balsamique.

Quiche aux asperges et emmental

Préparation : 25 minutes | **Cuisson :** 40 minutes | **Quantité :** 4 portions

15 ml (1 c. à soupe) de beurre

1 échalote sèche (française) hachée

250 ml (1 tasse) d'asperges

Sel et poivre au goût

6 œufs

250 ml (1 tasse) de crème à cuisson 15 %

250 ml (1 tasse) de gruyère râpé

250 ml (1 tasse) d'emmental râpé

125 ml (½ tasse) de tranches de jambon fumé à l'ancienne coupées en morceaux

1 croûte à tarte profonde de 23 cm (9 po)

1. Préchauffer le four à 180 °C (350 °F).
2. Dans une poêle, faire fondre le beurre à feu moyen-élevé. Cuire l'échalote et les asperges quelques minutes. Saler et poivrer. Retirer du feu et réserver.
3. Dans un bol, fouetter les œufs avec la crème. Ajouter le gruyère, l'emmental, le jambon et la préparation aux asperges. Remuer.
4. Précuire la croûte à tarte selon les indications de l'emballage.
5. Garnir la croûte à tarte du mélange aux asperges.
6. Cuire au four de 40 à 45 minutes. Retirer du four et servir immédiatement.

Pour accompagner

Patates style chips maison et mayo

Dans un bol, mélanger 125 ml (½ tasse) d'huile d'olive avec 15 ml (1 c. à soupe) de thym ou de romarin séché. Saler et poivrer. Cuire 4 pommes de terre Russet ou Idaho au four environ 1 heure à 180 °C (350 °F), jusqu'à ce qu'elles soient tendres. Pour aller plus vite, j'aime bien les mettre simplement 5 minutes au micro-ondes plutôt que de les cuire au four. Je suggère de retirer les pommes de terre du four dès qu'elles sont un peu molles, pour éviter qu'elles ne se défassent trop lorsque nous les couperons. Couper les pommes de terre en quartiers et retirer la chair, en en laissant juste un peu : on ne fait pas des pommes de terre grecques, mais plus des chips. Sur une plaque de cuisson tapissée de papier parchemin, déposer les quartiers de pommes de terre et les badigeonner du mélange d'huile d'olive. Cuire au four environ 40 minutes, en retournant les quartiers plusieurs fois, jusqu'à ce qu'ils soient croustillants. Dans un bol, mélanger 125 ml (½ tasse) de mayonnaise avec 15 ml (1 c. à soupe) de paprika, 1 gousse d'ail hachée et le jus de ½ citron. Servir avec les patates.

Notes

J'aime accompagner chaque part de quiche avec une petite salade verte et les patates style chips. Je n'aime pas vraiment le goût des œufs, donc je n'en mange jamais pour déjeuner. Cette recette est probablement une des seules faites avec des œufs que j'aime, c'est sûrement dû à l'ajout de crème et de fromage !

Salade de chèvre frit et figues

Préparation : 20 minutes | **Cuisson :** 8 minutes | **Quantité :** 4 portions

300 g (⅔ de lb) de fromage de chèvre à pâte molle sans croûte

125 ml (½ tasse) de farine

Sel au goût

2 œufs

15 ml (1 c. à soupe) d'eau

500 ml (2 tasses) de chapelure panko

80 ml (⅓ de tasse) d'huile d'arachide

105 ml (¼ de tasse + 3 c. à soupe) de confiture de figues

15 ml (1 c. à soupe) de moutarde de Meaux

160 ml (⅔ de tasse) d'huile d'olive

½ citron (jus)

Poivre au goût

30 ml (2 c. à soupe) de miel

1 contenant de roquette de 142 g

4 à 6 figues fraîches coupées en quatre

2 poires taillées en julienne

1 casseau de bleuets de 170 g

125 ml (½ tasse) de pistaches rôties

Fleur de sel au goût (facultatif)

Miel au goût (facultatif)

1. Couper le fromage de chèvre en quatre rondelles.
2. Préparer trois assiettes creuses. Dans la première, verser la farine. Saler. Dans la deuxième, battre les œufs avec l'eau. Dans la troisième, verser la chapelure. Saler.
3. Fariner les morceaux de fromage, les tremper dans les œufs battus, puis les enrober de chapelure. Tremper de nouveau dans les œufs battus, puis dans la chapelure pour s'assurer que le fromage ne fende pas lors de la cuisson.
4. Dans une poêle, chauffer l'huile d'arachide à feu moyen-élevé. Faire dorer les rondelles de fromage sur toutes les faces. Transférer dans une assiette tapissée de papier absorbant pour retirer l'excédent d'huile. Saler.
5. Dans un saladier, préparer la vinaigrette en mélangeant 45 ml (3 c. à soupe) de confiture de figues avec la moutarde, l'huile d'olive, le jus de citron, le poivre et le miel.
6. Ajouter la roquette, les figues, les poires et les bleuets dans le saladier. Remuer.
7. Répartir la salade dans les assiettes. Garnir de pistaches rôties.
8. Déposer 15 ml (1 c. à soupe) de confiture de figues par assiette. Garnir d'une rondelle de fromage. Si désiré, parsemer d'une touche de fleur de sel et napper d'un filet de miel.

Homard, sauce hollandaise à l'estragon

Préparation : 25 minutes | **Cuisson :** 17 minutes | **Quantité :** 4 portions

4 homards

1 quartier de citron

1 feuille de laurier

15 ml (1 c. à soupe) d'huile d'olive

2 échalotes sèches (françaises) émincées

2 gousses d'ail émincées

60 ml (¼ de tasse) de cognac

30 ml (2 c. à soupe) de crème à cuisson 35%

Sel et poivre au goût

Pour la sauce :

80 ml (⅓ de tasse) de vinaigre de vin blanc

1 feuille de laurier

1 échalote sèche (française) hachée

250 ml (1 tasse) de beurre non salé

3 jaunes d'œufs

7,5 ml (½ c. à soupe) de jus de citron frais

Quelques gouttes de tabasco

15 ml (1 c. à soupe) d'estragon frais haché

1. Dans une casserole d'eau bouillante salée, cuire les homards avec le quartier de citron et la feuille de laurier 8 minutes.

2. Couper les homards en deux sur toute la longueur. Retirer délicatement la chair. Décortiquer les pinces. Couper la chair de homard en cubes.

3. Préparer la sauce. Dans une casserole, déposer le vinaigre de vin blanc, la feuille de laurier et l'échalote. Laisser réduire à feu doux-moyen, jusqu'à ce qu'il reste environ 15 ml (1 c. à soupe) de liquide.

4. À l'aide d'une passoire fine, filtrer la préparation au-dessus d'un bol. Réserver.

5. Dans une casserole, faire fondre le beurre à feu doux. Une fois le beurre fondu, retirer la mousse blanchâtre s'étant formée à la surface à l'aide d'une cuillère. Transférer le beurre dans un bol, en prenant soin de laisser le petit-lait au fond de la casserole. (Cette étape n'est pas obligatoire, mais elle permet de donner une plus belle texture à la sauce hollandaise.)

6. Ajouter les jaunes d'œufs et le jus de citron dans le bol contenant la préparation au vinaigre de vin blanc. Fouetter.

7. Transvider la préparation aux jaunes d'œufs dans un bain-marie. Chauffer 1 minute en fouettant à l'aide d'un mélangeur à main ou d'un fouet.

8. Incorporer graduellement le beurre en filet dans le bain-marie en fouettant constamment. Retirer du feu, goûter et rectifier l'assaisonnement au besoin. Incorporer le tabasco et l'estragon.

9. Dans une poêle, chauffer l'huile à feu moyen. Faire revenir les échalotes et l'ail, sans laisser brunir l'ail.

10. Ajouter la chair de homard et le cognac. Faire flamber et cuire 2 minutes.

11. Ajouter la crème et cuire 2 minutes. Saler et poivrer. Retirer du feu.

12. Répartir les cubes de homard dans les carapaces et napper d'une bonne louche de sauce hollandaise. Servir avec du riz et une saucière contenant le reste de la sauce hollandaise pour ceux qui désirent en mettre plus pendant le repas.

Notes

J'adore le homard thermidor ! J'avais envie de créer un plat qui lui ressemblerait tout en étant bien différent. J'hésitais entre une sauce hollandaise ou une sauce béarnaise, puis j'ai eu l'idée d'intégrer des ingrédients de chacune d'elles pour en faire une nouvelle qui réunirait le meilleur des deux. Le vinaigre réduit et l'estragon font penser à la béarnaise, et la texture soyeuse de la sauce rappelle la hollandaise : le mélange est vraiment réussi !

Porc avec sauce balsamique et pommes de terre style röstis

Préparation : 20 minutes | **Cuisson :** 17 minutes | **Quantité :** 4 portions

210 ml (¾ de tasse + 2 c. à soupe) de beurre froid coupé en cubes

5 gousses d'ail émincées

30 ml (2 c. à soupe) de porto

125 ml (½ tasse) de vinaigre balsamique

5 ml (1 c. à thé) de sauce demi-glace en poudre

15 ml (1 c. à soupe) d'huile d'olive

1 filet de porc de 675 g (environ 1 ½ lb), paré

1. Préchauffer le four à 180 °C (350 °F).
2. Dans une casserole, faire fondre 30 ml (2 c. à soupe) de beurre à feu moyen. Faire revenir l'ail, sans le laisser brunir. Dès que l'ail change légèrement de couleur, déglacer avec le porto. Laisser mijoter jusqu'à réduction complète du liquide.
3. Ajouter le vinaigre balsamique et laisser réduire environ 2 minutes.
4. Incorporer la sauce demi-glace et le reste des cubes de beurre un à un en fouettant. Au besoin, rectifier l'assaisonnement.
5. Dans une autre poêle, chauffer l'huile à feu moyen. Saisir le porc.
6. Transférer le filet de porc sur une plaque de cuisson tapissée de papier parchemin. Cuire au four de 15 à 20 minutes.
7. Retirer du four et déposer le filet de porc dans une assiette. Couvrir d'une feuille de papier d'aluminium, sans serrer. Laisser reposer 5 minutes avant de couper en tranches.
8. Servir le filet de porc avec la sauce, les pommes de terre style röstis (voir recette ci-dessous) et des asperges rôties.

Pour accompagner

Pommes de terre style röstis

Éplucher 2 pommes de terre Idaho et 1 oignon, puis les râper. Déposer les pommes de terre dans un bol d'eau froide et laisser refroidir 5 minutes. Transférer dans une passoire fine et bien égoutter en pressant. Déposer les pommes de terre et l'oignon dans une serviette et presser pour en faire sortir le plus d'eau possible. Dans un bol, mélanger les pommes de terre avec l'oignon, 1 œuf, 80 ml (⅓ de tasse) de farine, 2,5 ml (½ c. à thé) de paprika, 2,5 ml (½ c. à thé) de sel et 15 ml (1 c. à soupe) de ciboulette fraîche hachée. Répartir le mélange dans six emporte-pièce cylindriques. Dans une poêle, chauffer un filet d'huile d'olive à feu moyen. Déposer les emporte-pièce dans la poêle à l'aide d'une spatule. Retirer doucement les emporte-pièce. Faire dorer les röstis de chaque côté. Transférer les röstis sur une plaque de cuisson tapissée de papier parchemin. Cuire au four de 20 à 25 minutes à 190 °C (375 °F).

Pour servir les röstis en soirée, on peut les précuire. Avant de servir, il suffira de les mettre au four quelques minutes pour les réchauffer.

Notes

Pour que la sauce ne soit pas trop acidulée, le vinaigre balsamique doit être bien sirupeux, donc vieilli ou de très bonne qualité. J'aime beaucoup les vinaigres balsamiques aromatisés au cassis ou à la figue, car leurs arômes se marient bien avec ceux du porc. J'ai créé cette recette un soir où je voulais préparer mon porc sauce aux cerises, mais que je n'avais plus de porto. J'ai alors fait réduire du vinaigre balsamique sans être certaine de ce que ça donnerait. Finalement, le petit goût sucré de la réduction s'harmonisait parfaitement à celui de l'ail rôti et du beurre!

Salade de betteraves

Préparation : 20 minutes | **Cuisson :** 40 minutes | **Quantité :** de 4 à 6 portions

3 à 4 betteraves jaunes

3 à 4 betteraves rouges

500 ml (2 tasses) de haricots verts

30 ml (2 c. à soupe) de moutarde de Meaux

15 ml (1 c. à soupe) de moutarde de Dijon

60 ml (¼ de tasse) de sirop d'érable

60 ml (¼ de tasse) de vinaigre de vin rouge

60 ml (¼ de tasse) d'huile d'olive

1 échalote sèche (française) hachée

1 oignon vert haché

250 ml (1 tasse) de noix de Grenoble

45 ml (3 c. à soupe) de sirop d'érable

250 g (environ ½ lb) de fromage de chèvre crémeux défait en morceaux

1. Dans deux casseroles d'eau bouillante, cuire les betteraves jaunes et les betteraves rouges séparément environ 40 minutes, jusqu'à ce qu'elles soient tendres.

2. Déposer les betteraves dans une passoire et refroidir sous l'eau froide.

3. Retirer la peau des betteraves à l'aide du pouce (elle devrait se retirer facilement). Couper les betteraves en quatre ou six quartiers. Réserver.

4. Couper les extrémités des haricots.

5. Dans une casserole d'eau bouillante salée, blanchir les haricots verts quelques minutes. Égoutter et réserver.

6. Dans un saladier, fouetter les deux sortes de moutarde avec le sirop d'érable et le vinaigre de vin. Verser l'huile d'olive en filet tout en fouettant. Fouetter jusqu'à l'obtention d'une émulsion.

7. Ajouter l'échalote, l'oignon vert, les betteraves et les haricots. Remuer délicatement. Réserver.

8. Dans une poêle, faire rôtir les noix de Grenoble à feu moyen. Ajouter le sirop d'érable et laisser mijoter jusqu'à ce qu'il ait complètement réduit.

9. Transférer les noix sur une plaque tapissée de papier parchemin et laisser refroidir. Couper les noix en petits morceaux.

10. Dans quatre à six assiettes creuses, répartir le mélange de betteraves. Garnir de morceaux de fromage de chèvre et de noix caramélisées.

Notes

Mon fils n'est pas un grand mangeur de légumes, mais il adore cette salade, puisque le sirop d'érable y apporte une belle touche sucrée. Si vous souhaitez la préparer à l'avance, je vous suggère de mélanger les betteraves, les haricots, les échalotes et les oignons, et d'attendre jusqu'au moment de servir pour ajouter le reste des ingrédients.

Truffes au chocolat

Préparation : 25 minutes | **Cuisson :** 5 minutes | **Réfrigération :** 1 heure | **Quantité :** de 20 à 25 truffes

300 g (⅔ de lb) de chocolat au lait de très bonne qualité

125 ml (½ tasse) de crème à cuisson 35 %

1,25 ml (¼ de c. à thé) de sel

15 ml (1 c. à soupe) d'extrait de vanille

Pour l'enrobage :

60 ml (¼ de tasse) de pacanes hachées

60 ml (¼ de tasse) de noix de coco sucrée râpée

60 ml (¼ de tasse) de cacao

60 ml (¼ de tasse) de sucre à glacer

1. Hacher le chocolat en très petits morceaux, puis le réserver dans un bol.
2. Dans une casserole, chauffer la crème à feu moyen. La crème devrait frémir et non bouillir. Incorporer le sel et la vanille.
3. Verser la crème chaude sur le chocolat. Laisser fondre 3 minutes, sans remuer, puis fouetter jusqu'à l'obtention d'une texture lisse. Verser la préparation dans un bol en verre et réfrigérer 1 heure, jusqu'à ce que la préparation durcisse.
4. Dans une grande poêle, faire griller les pacanes de 2 à 3 minutes à feu moyen, jusqu'à ce qu'elles soient dorées. Transférer dans un bol.
5. Dans la même poêle, faire griller la noix de coco de 2 à 3 minutes à feu moyen. Transférer dans un autre bol.
6. Déposer le cacao et le sucre à glacer dans deux autres bols.
7. À l'aide d'une cuillère parisienne, façonner de petites boules avec le mélange au chocolat. Rouler les boules dans les enrobages de votre choix. Conserver les boules au frais et les sortir du réfrigérateur 15 minutes avant de servir.

Notes

Comme cette recette ne comporte que deux ingrédients principaux, il est important de miser sur la qualité. Pour des truffes exquises, il faut donc un bon chocolat et une crème fraîche et épaisse. J'ai un coup de cœur pour les truffes garnies de noix, alors que mon fils préfère celles au sucre en poudre. Il est tellement *cute* quand il en mange, il a du sucre plein la face !

Île flottante de mousse au chocolat et crème anglaise

Préparation : 25 minutes | **Réfrigération :** 1 heure | **Cuisson :** 10 minutes | **Quantité :** 4 portions

Notes

J'ai essayé cette recette pour la première fois au Café Sirocco, un restaurant où j'ai été serveuse. Je suis littéralement tombée en amour avec le mélange de mousse *fluffy*, de douce crème anglaise et de noix rôties. Par contre, je me souviens que j'étais toujours stressée de servir ce dessert parce qu'ils le mettaient dans un verre à martini et que je n'étais pas la plus habile! Disons qu'ils en ont vu tomber des îles flottantes pendant que j'étais de service!

Française

Pour la crème anglaise :

1 gousse de vanille

375 ml (1 ½ tasse) de crème à fouetter 35 %

80 ml (⅓ de tasse) de sucre

4 jaunes d'œufs

Pour la mousse au chocolat :

120 g (environ ¼ de lb) de chocolat au lait coupé en morceaux

60 ml (¼ de tasse) de beurre non salé

4 œufs, jaunes et blancs séparés

1 pincée de crème de tartre

60 ml (¼ de tasse) de sucre

125 ml (½ tasse) de crème à fouetter 35 % bien froide

Pour garnir :

125 ml (½ tasse) d'amandes tranchées

Cacao au goût

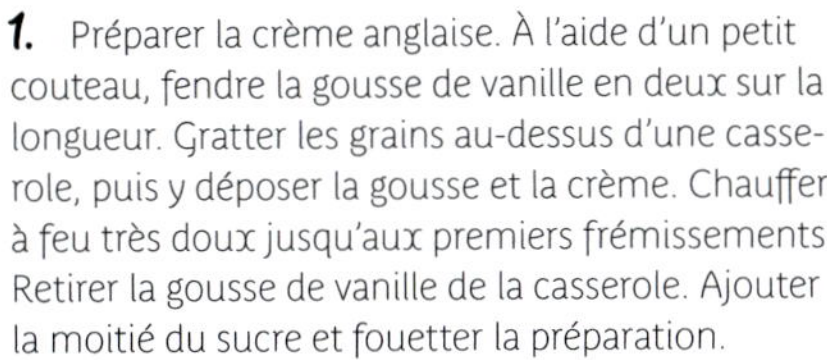

1. Préparer la crème anglaise. À l'aide d'un petit couteau, fendre la gousse de vanille en deux sur la longueur. Gratter les grains au-dessus d'une casserole, puis y déposer la gousse et la crème. Chauffer à feu très doux jusqu'aux premiers frémissements. Retirer la gousse de vanille de la casserole. Ajouter la moitié du sucre et fouetter la préparation.

2. Dans un bol, fouetter les jaunes d'œufs avec le sucre restant jusqu'à ce que le mélange blanchisse. Retirer la casserole du feu, puis incorporer graduellement le mélange de jaunes d'œufs en fouettant. Remettre la casserole sur le feu. Chauffer à feu doux jusqu'aux premiers frémissements, en fouettant constamment pour éviter que les jaunes d'œufs ne cuisent. Ne pas laisser bouillir. Retirer rapidement la casserole du feu et transvider la préparation dans un bol. Réfrigérer jusqu'à ce que la préparation ait épaissi.

3. Préparer la mousse au chocolat. Dans un bain-marie, faire fondre le chocolat avec le beurre. Retirer du feu et incorporer les jaunes d'œufs en fouettant.

4. Dans le contenant du mélangeur électrique, mélanger les blancs d'œufs avec la crème de tartre jusqu'à l'obtention de pics mous. Incorporer graduellement le sucre en donnant quelques impulsions, puis continuer de mélanger à puissance maximale jusqu'à l'obtention de pics très fermes. À l'aide du batteur électrique, fouetter la crème à fouetter à vitesse élevée dans un bol jusqu'à l'obtention de pics fermes. Incorporer le mélange de blancs d'œufs au mélange de chocolat en pliant délicatement la préparation à l'aide d'une spatule. Incorporer la crème fouettée en pliant délicatement la préparation à l'aide de la spatule. Réfrigérer 1 heure.

5. Dans une poêle, cuire les amandes de 3 à 4 minutes à feu moyen en remuant fréquemment, jusqu'à ce qu'elles soient rôties. Retirer du feu et réserver.

6. Au moment de servir, répartir la crème anglaise dans des bols. Garnir d'une grosse quenelle de mousse au chocolat. Saupoudrer d'amandes et de cacao.

Québécoise

Pâté chinois (oui, oui, juste pour Max!), pâté à la viande, *lobster rolls*, interfromage, fromage en grains frit, pouding chômeur, rôti de palette... J'ai eu un plaisir fou à transformer ces plats bien de chez nous en mets raffinés, et donc tout désignés pour recevoir. En fin de compte, j'ai réalisé que la cuisine d'ici n'a rien à envier aux autres! J'espère que ces classiques en mode fine bouche raviront autant votre palais que vos yeux!

Fromage en grains frit

Préparation : 15 minutes | **Cuisson :** 8 minutes | **Quantité :** 4 portions

250 ml (1 tasse) de farine

5 ml (1 c. à thé) de poudre à pâte

5 ml (1 c. à thé) de sucre

2,5 ml (½ c. à thé) de sel

1 œuf

250 ml (1 tasse) de bière

400 g (environ 1 lb) de fromage en grains

2 litres (8 tasses) d'huile de canola

Fleur de sel au goût (facultatif)

Pour la mayonnaise épicée :

125 ml (½ tasse) de mayonnaise

10 ml (2 c. à thé) de miel

5 ml (1 c. à thé) de sriracha

1 gousse d'ail hachée

1. Dans un bol, mélanger les ingrédients de la mayonnaise épicée. Réserver au frais.

2. Dans un autre bol, mélanger la farine avec la poudre à pâte, le sucre et le sel. Ajouter l'œuf et la bière, puis mélanger de nouveau.

3. Ajouter le fromage en grains dans le bol et remuer pour bien l'enrober de pâte.

4. Dans une friteuse ou dans une grande casserole, chauffer l'huile jusqu'à ce qu'elle atteigne une température de 190 °C (375 °F) sur un thermomètre à cuisson. Si une casserole est utilisée, bien surveiller la cuisson pour éviter que l'huile ne surchauffe et ne s'enflamme.

5. Faire frire quelques morceaux de fromage en grains à la fois 2 minutes, jusqu'à ce qu'ils soient dorés. Égoutter sur du papier absorbant.

6. Si désiré, saupoudrer le fromage en grains frit de fleur de sel. Servir avec la mayonnaise épicée.

Notes

La panure est tellement légère et *fluffy* ! Avec ces grains de fromage, j'adore ! Je voulais faire une poutine maison, mais la sauce à poutine est assez longue à faire, donc j'ai simplement opté pour du fromage en grains frit.

Pâté chinois à Maxime

Préparation : 45 minutes | **Cuisson :** 5 heures | **Quantité :** 6 portions

Notes

À la demande de mon mari, j'ai enfin créé un pâté chinois avec une formule steak, blé d'Inde, patates, mais légèrement réinventée. Le bœuf braisé est un petit *upgrade* du traditionnel steak haché, le maïs crémeux goûte le ciel et la purée de pommes de terre au cheddar donne un petit plus au pâté chinois. Pour ceux qui ne nous suivent pas sur les réseaux sociaux, je vous explique l'histoire derrière ce pâté chinois. À ma grande tristesse, il s'agit de l'un des plats préférés de mon mari, alors que moi, je n'ai jamais vraiment aimé ce mets classique. Une fois, quand j'étais enceinte, je cuisinais un pâté chinois à mon mari, et l'odeur mêlée à celle du ketchup m'a tellement levé le cœur que j'ai dû faire un petit tour à la toilette ! Je n'avais jamais pu en refaire un depuis, et Max me tannait toujours avec ça. *I hope you're happy now!*

Québécoise

60 ml (¼ de tasse) de beurre

1 rôti de palette sans os de 1,25 kg (2 ¾ lb)

Sel et poivre au goût

2 carottes coupées en morceaux

1 oignon coupé en morceaux

1 branche de céleri coupée en morceaux

2 gousses d'ail hachées

6 tiges de thym frais

750 ml (3 tasses) de vin rouge

60 ml (¼ de tasse) de pâte de tomates

250 ml (1 tasse) de bouillon de bœuf

125 ml (½ tasse) de porto

Quelques micropousses au choix

Pour la purée :

5 à 6 pommes de terre pelées et coupées en quatre

60 ml (¼ de tasse) de beurre

60 ml (¼ de tasse) de crème à cuisson 15 % ou 35 %

125 ml (½ tasse) de cheddar vieilli 2 ans

60 ml (¼ de tasse) de fromage à la crème

Sel au goût

Pour le maïs crémeux :

4 épis de maïs cuits

125 ml (½ tasse) de beurre

500 ml (2 tasses) de crème à cuisson 35 %

10 ml (2 c. à thé) de cassonade

Sel au goût

1. Préchauffer le four à 160 °C (325 °F). Dans une poêle allant au four, faire fondre 15 ml (1 c. à soupe) de beurre à feu moyen. Saisir le rôti de palette 5 minutes de chaque côté, jusqu'à ce qu'il soit bien doré. Saler et poivrer. Retirer du feu et réserver dans une assiette. Dans la même poêle, déposer 15 ml (1 c. à soupe) de beurre, les carottes, l'oignon et le céleri. Cuire 10 minutes à feu doux en remuant fréquemment à l'aide d'une cuillère en bois, jusqu'à ce que les légumes commencent à brunir.

2. Ajouter l'ail et le thym. Cuire 2 minutes. Ajouter le vin rouge, la pâte de tomates et le bouillon de bœuf. Couvrir et cuire au four 4 heures, jusqu'à ce que la viande s'effiloche à la fourchette, en s'assurant de retourner la viande toutes les heures afin d'éviter que les côtés ne brûlent. Retirer la viande du four et la déposer dans une assiette. Effilocher la viande. Réserver.

3. Filtrer la sauce contenue dans la poêle à l'aide d'une passoire fine afin de retirer les légumes et presser pour conserver un maximun de saveurs. Remettre la sauce dans la poêle. Ajouter le porto et laisser mijoter à feu moyen 10 minutes, jusqu'à ce que le liquide ait réduit de moitié. Lorsque le mélange est sirupeux, ajouter 30 ml (2 c. à soupe) de beurre et la viande effilochée. Chauffer à feu doux en remuant jusqu'à ce que le beurre soit fondu.

4. Dans une casserole d'eau bouillante salée, cuire les pommes de terre jusqu'à tendreté. Égoutter. Remettre les pommes de terre dans la casserole et réduire en purée. Ajouter le reste des ingrédients de la purée et mélanger à l'aide du batteur électrique jusqu'à l'obtention d'une texture lisse, sans trop mélanger pour éviter que la préparation ne devienne élastique.

5. À l'aide d'un couteau, égrainer les épis de maïs. Dans une poêle, faire fondre le beurre à feu moyen. Cuire les grains de maïs de 8 à 10 minutes. Ajouter la crème et la cassonade. Saler et remuer. Cuire 20 minutes à feu doux.

6. Déposer un emporte-pièce dans une assiette. Au fond de l'emporte-pièce, déposer un peu de viande effilochée. Remplir de purée de pommes de terre. Démouler délicatement. Répéter afin de former les autres portions. Verser un peu de maïs crémeux autour des portions de pâté chinois. Garnir de micropousses.

Pâté à la viande

Préparation : 30 minutes | **Cuisson :** 3 heures 45 minutes | **Quantité :** 12 portions (2 pâtés)

5 à 6 pommes de terre pelées et coupées en cubes

1 kg (environ 2 ¼ lb) de pâte à tarte

1 jaune d'œuf battu avec un peu d'eau

Pour la farce :

1,8 kg (4 lb) de porc haché

750 ml (3 tasses) de lait

1 oignon haché finement

1 gousse d'ail hachée finement

1 pincée de flocons de piment

1 pincée de sel d'ail

Sel et poivre au goût

1. Préchauffer le four à 163 °C (325 °F).
2. Dans une casserole, mélanger les ingrédients de la farce. S'assurer que le lait couvre la farce. Couvrir et cuire 3 heures à feu doux, en s'assurant de remuer toutes les 20 minutes pour éviter que le fond ne brûle.
3. Pendant ce temps, déposer les cubes de pommes de terre dans une autre casserole et couvrir d'eau froide. Saler. Porter à ébullition, puis couvrir et cuire de 18 à 20 minutes, jusqu'à tendreté. Égoutter et réduire en purée.
4. Dans un bol, mélanger la purée de pommes de terre avec la farce.
5. Diviser la pâte à tarte en quatre. Sur une surface farinée, abaisser chaque part de pâte en un cercle de 30 cm (12 po) de diamètre.
6. Déposer deux abaisses dans deux moules à tarte de 25 cm (10 po) de diamètre. Répartir la garniture au porc dans les abaisses. À l'aide d'un pinceau, badigeonner le pourtour des abaisses de jaune d'œuf. Couvrir avec les abaisses restantes et presser pour sceller. Couper l'excédent de pâte sur les rebords. À l'aide d'un pinceau, badigeonner la surface des pâtes avec le reste du jaune d'œuf.
7. Cuire au four de 45 à 55 minutes.

Notes

Ma grand-mère a toujours préparé cette recette avec une pâte à tarte qu'elle faisait maison. Lorsqu'on lui cuisinait des pâtés le dimanche chez mes parents, ma mère s'empressait de cacher les boîtes de pâte à tarte préfaite dans la poubelle à l'avant de la maison pour être certaine que grand-maman chou-chou ne les trouve pas ! Ça passait comme dans du beurre et elle ne s'en est jamais aperçue. *Sorry* grand-maman chou-chou !

Bloody Caesar, sauce BBQ et haricots marinés piquants

Préparation : 15 minutes | **Quantité :** 1 portion

15 ml (1 c. à soupe) d'épices à steak au choix

2,5 ml (½ c. à thé) de paprika

2,5 ml (½ c. à thé) de sel

1 quartier de citron

Pour le cocktail :

250 ml (1 tasse) de glaçons

250 ml (1 tasse) de cocktail de tomates et palourdes (de type Clamato) froid

2 oz (60 ml) de vodka

10 ml (2 c. à thé) de sauce Worcestershire

5 ml (1 c. à thé) de sauce barbecue

2,5 ml (½ c. à thé) de jus de haricots marinés piquants

1,25 ml (¼ de c. à thé) de tabasco

¼ de citron (jus)

Garnitures au choix :

1 morceau de *jerky* de bœuf

1 à 2 haricots marinés piquants

1 peperoncini (piment mariné)

1 branche de céleri

1 quartier de citron

1 pincée de sel

1. Dans une assiette, mélanger les épices à steak avec le paprika et le sel.

2. Avec le quartier de citron, humidifier le rebord du verre. Tremper le rebord du verre dans le mélange d'épices pour le givrer.

3. Dans le verre, ajouter les glaçons et le reste des ingrédients pour le cocktail. Remuer. Rectifier l'assaisonnement au besoin.

4. Si désiré, décorer le verre avec les garnitures au choix.

Notes

Les gens qui me suivent vont tellement rire en voyant ce *drink*, car tout le monde sait à quel point je suis obsédée par ces haricots marinés piquants !

Étagés de crabe, avocats et pamplemousse

Préparation : 15 minutes | **Quantité :** 4 portions

800 g (environ 1 ¾ lb) de chair de crabe

15 ml (1 c. à soupe) de ciboulette fraîche hachée

30 ml (2 c. à soupe) de mayonnaise

30 ml (2 c. à soupe) de jus de citron frais

1 trait de tabasco

1 pamplemousse

2 avocats

Micropousses au choix

Pour la vinaigrette :

60 ml (¼ de tasse) de sirop d'érable

60 ml (¼ de tasse) d'huile d'olive

30 ml (2 c. à soupe) de jus de citron frais

15 ml (1 c. à soupe) de moutarde de Dijon

Sel et poivre au goût

1. Dans un bol, mélanger les ingrédients de la vinaigrette.

2. Dans un autre bol, mélanger la chair de crabe avec la ciboulette, la mayonnaise, le jus de citron et le tabasco.

3. Prélever les suprêmes du pamplemousse en coupant d'abord l'écorce à vif, puis en tranchant de chaque côté des membranes.

4. Couper les avocats en tranches.

5. Déposer un emporte-pièce dans une assiette. Au fond de l'emporte-pièce, déposer un peu de préparation au crabe, quelques tranches d'avocats et quelques suprêmes de pamplemousse. Démouler délicatement. Répéter afin de former les autres portions.

6. Garnir les étagés de vinaigrette et de micropousses.

Interfromage

Préparation : 25 minutes | **Cuisson :** 15 minutes | **Quantité :** 4 portions

450 g (1 lb) de bœuf haché mi-maigre

Sel et poivre au goût

15 ml (1 c. à soupe) de beurre

4 tranches de cheddar jaune

4 pains à hamburger au choix

125 ml (½ tasse) de mayonnaise

30 ml (2 c. à soupe) de ketchup

30 ml (2 c. à soupe) de moutarde jaune

180 ml (¾ de tasse) de fromage en grains

Pour les rondelles d'oignons :

500 ml (2 tasses) de farine

Sel et poivre au goût

2,5 ml (½ c. à thé) de poudre à pâte

250 ml (1 tasse) de bière au goût

30 ml (2 c. à soupe) d'eau très froide

2 oignons Vidalia coupés en rondelles

2 litres (8 tasses) d'huile de canola

Sel au goût

1. Préparer trois assiettes creuses. Dans la première, mélanger 250 ml (1 tasse) de farine avec le sel et le poivre. Dans la deuxième, mélanger le reste de la farine avec la poudre à pâte, la bière et l'eau froide. Fariner les rondelles d'oignons, puis les enrober de pâte à la bière.

2. Dans une friteuse ou dans une grande casserole, chauffer l'huile jusqu'à ce qu'elle atteigne une température de 190 °C (375 °F) sur un thermomètre à cuisson. Si une casserole est utilisée, bien surveiller la cuisson pour éviter que l'huile ne surchauffe et ne s'enflamme.

3. Faire frire les rondelles d'oignons environ 2 minutes de chaque côté, jusqu'à ce qu'elles soient dorées et croustillantes. Déposer sur du papier absorbant et saler aussitôt. Transférer sur une grille pour s'assurer que l'air passe et que les rondelles restent bien croustillantes.

4. Dans un bol, mélanger la viande hachée avec le sel et le poivre. Façonner quatre galettes avec la préparation.

5. Dans une poêle, faire fondre le beurre. Cuire les galettes jusqu'à ce que les deux côtés soient dorés et que l'intérieur des galettes ait perdu sa teinte rosée.

6. Ajouter les tranches de cheddar sur les galettes. Retirer du feu et réserver dans une assiette.

7. Beurrer l'intérieur des pains, puis les faire dorer dans la poêle à feu moyen.

8. Dans un autre bol, mélanger la mayonnaise avec le ketchup et la moutarde.

9. Garnir les pains de la préparation à la mayonnaise, d'une galette, de deux à trois rondelles d'oignons et de fromage en grains.

Notes

La manière dont on préfère ces *onion rings*, c'est directement dans le fameux interfromage, un burger généreusement garni de rondelles d'oignons et de fromage en grains. C'est une recette typiquement québécoise, très populaire dans un petit restaurant qui se trouve à 2 minutes d'où j'ai grandi. Il est situé tout près de l'église où on allait, et où on va encore chaque dimanche !

Lobster rolls

Préparation : 20 minutes | **Cuisson :** 10 minutes | **Quantité :** 4 portions

2 homards de 1 lb à 1 ¼ lb chacun

1 feuille de laurier

15 ml (1 c. à soupe) de jus de citron frais

2 branches de céleri coupées en dés

Sel et poivre au goût

30 ml (2 c. à soupe) de beurre ramolli

8 pains à hot-dog

1 laitue Boston

Quelques quartiers de citron

Pour la sauce :

90 ml (6 c. à soupe) de mayonnaise

30 ml (2 c. à soupe) de cognac

15 ml (1 c. à soupe) de ciboulette fraîche hachée

15 ml (1 c. à soupe) de ketchup

5 ml (1 c. à thé) de sauce Worcestershire

2,5 ml (½ c. à thé) de tabasco

1 pincée de paprika

1 pincée de sel de céleri

½ citron (jus et zeste)

Poivre au goût

Pour la mayonnaise à l'huile de truffe :

125 ml (½ tasse) de mayonnaise

80 ml (⅓ de tasse) de parmesan râpé

15 ml (1 c. à soupe) d'huile de truffe

1. Dans une casserole d'eau bouillante salée, cuire les homards avec la feuille de laurier et le jus de citron de 10 à 12 minutes. Égoutter.
2. Décortiquer les homards, en prenant soin de conserver la chair des pinces intacte pour la décoration. Couper le reste de la chair de homard en gros cubes.
3. Dans un bol, mélanger les ingrédients de la sauce. Ajouter les cubes de homard et le céleri. Saler, poivrer et remuer.
4. Dans un autre bol, mélanger les ingrédients de la mayonnaise à l'huile de truffe.
5. Beurrer les deux côtés des pains, puis les faire dorer dans une poêle.
6. Garnir les pains de laitue et de préparation au homard. Garnir de pinces de homard. Servir avec les quartiers de citron, des frites et la mayonnaise à l'huile de truffe.

Notes

J'aime râper un peu de parmesan sur mes frites lorsqu'elles sont cuites. Le mélange du goût salé du parmesan avec celui de la mayonnaise à l'huile de truffe est délicieux! J'ai découvert cette recette au restaurant Pistache, en Floride, où on mange chaque année pendant le temps des Fêtes avec ma famille. Leurs frites sont vraiment un incontournable!

Rôti de palette

Préparation : 20 minutes | **Cuisson :** 2 heures 37 minutes | **Quantité :** 4 portions

1 poireau

2 carottes

1 oignon

2 branches de céleri

15 ml (1 c. à soupe) d'huile d'olive

1 rôti de palette sans os de 1 kg (environ 2 ¼ lb)

Sel et poivre au goût

2 gousses d'ail hachées

60 ml (¼ de tasse) de pâte de tomates

1 bouteille de vin rouge de 750 ml

500 ml (2 tasses) de bouillon de bœuf

30 ml (2 c. à soupe) de sauce demi-glace

60 ml (¼ de tasse) de porto ou de vin rouge (facultatif)

1. Préchauffer le four à 180 °C (350 °F).
2. Couper grossièrement le poireau, les carottes, l'oignon et le céleri.
3. Dans une casserole allant au four, chauffer l'huile d'olive à feu moyen-élevé. Saisir le rôti de palette des deux côtés. Saler et poivrer. Retirer du feu et réserver dans une assiette.
4. Dans la même casserole, cuire le poireau, les carottes, l'oignon et le céleri 2 minutes.
5. Ajouter l'ail, la pâte de tomates et le vin rouge. Laisser mijoter de 5 à 7 minutes.
6. Ajouter le bouillon de bœuf et le rôti de palette. Couvrir et poursuivre la cuisson au four de 2 heures 30 minutes à 3 heures, jusqu'à ce que la viande s'effiloche à la fourchette.
7. Retirer la viande du four et la déposer dans une assiette. À l'aide de deux fourchettes, effilocher la viande en s'assurant de retirer le gras. Déposer la viande effilochée dans un bol avec une bonne louche de jus de cuisson pour éviter que la viande ne s'assèche.
8. Filtrer la sauce au vin rouge restante à l'aide d'une passoire fine. Bien presser les légumes pour en extraire toutes les saveurs.
9. Dans une grande poêle, verser la sauce au vin rouge, la sauce demi-glace et, si désiré, le porto. Au besoin, ajouter un peu de bouillon de bœuf. Saler et poivrer. Laisser mijoter jusqu'à ce que la sauce nappe le dos d'une cuillère.
10. Servir la viande effilochée avec la sauce, une purée de pommes de terre et des oignons frits (voir recette ci-dessous).

Pour accompagner

Oignons frits

Couper 2 oignons espagnols finement. Dans un bol, mélanger les oignons avec 375 ml (1 ½ tasse) de lait. Laisser reposer 5 minutes. Dans un autre bol, mélanger 375 ml (1 ½ tasse) de farine avec 5 ml (1 c. à thé) de paprika et 5 ml (1 c. à thé) de sel. Dans une friteuse ou dans une grande casserole, chauffer 2 litres (8 tasses) d'huile de canola jusqu'à ce qu'elle atteigne une température de 190 °C (375 °F) sur un thermomètre à cuisson. Si une casserole est utilisée, bien surveiller la cuisson pour éviter que l'huile ne surchauffe et ne s'enflamme. Retirer les oignons de la préparation au lait, puis les enrober du mélange à la farine. Faire frire les oignons 3 minutes. Assécher sur du papier absorbant. Saler.

Salade tiède aux pois chiches croustillants, saumon et beurre aux tomates séchées

Préparation : 30 minutes | **Réfrigération :** 30 minutes | **Cuisson :** 50 minutes | **Quantité :** 4 portions

Sel et poivre au goût

4 filets de saumon de 180 g (environ ⅓ de lb) chacun, la peau enlevée

15 ml (1 c. à soupe) d'huile d'olive

Pour le beurre aux tomates séchées :

250 ml (1 tasse) de beurre

60 ml (¼ de tasse) de câpres hachées

30 ml (2 c. à soupe) de persil frais haché

20 ml (4 c. à thé) de jus de citron frais

5 ml (1 c. à thé) de sauce Worcestershire

5 ml (1 c. à thé) de moutarde de Dijon

2,5 ml (½ c. à thé) de tabasco

8 tomates séchées hachées

2 oignons verts hachés

1 citron (zeste)

Poivre au goût

Pour les pois chiches croustillants :

30 ml (2 c. à soupe) d'huile d'olive

7,5 ml (½ c. à soupe) de sriracha

15 ml (1 c. à soupe) de paprika

Sel et poivre au goût

1 boîte de pois chiches de 540 ml, rincés et égouttés

Pour la salade de couscous perlé :

250 ml (1 tasse) de couscous perlé

375 ml (1 ½ tasse) de tomates cerises coupées en deux

250 ml (1 tasse) de concombre épépiné et coupé en dés

250 ml (1 tasse) de feta émiettée

250 ml (1 tasse) de persil frais haché

125 ml (½ tasse) d'olives Kalamata dénoyautées et coupées en deux

60 ml (¼ de tasse) d'huile d'olive

30 ml (2 c. à soupe) de miel

30 ml (2 c. à soupe) de jus de citron frais

30 ml (2 c. à soupe) de vinaigre de vin rouge

2,5 ml (½ c. à thé) de sel

2 oignons verts hachés

Poivre au goût

1. Dans le contenant du robot culinaire, déposer les ingrédients du beurre aux tomates séchées. Mélanger jusqu'à l'obtention d'une texture homogène. Sur une feuille de papier ciré, verser le mélange et façonner un cylindre en s'assurant de bien couvrir le beurre de papier. Réfrigérer 30 minutes, jusqu'à ce que le beurre ait durci. Couper le beurre en huit rondelles.

2. Pendant ce temps, préchauffer le four à 180 °C (350 °F).

3. Préparer les pois chiches croustillants. Dans un bol, mélanger l'huile d'olive avec la sriracha et le paprika. Saler et poivrer.

4. Assécher les pois chiches sur du papier absorbant. Ajouter dans le bol et remuer délicatement.

5. Répartir les pois chiches sur une plaque de cuisson tapissée de papier parchemin. Cuire au four 40 minutes, en remuant délicatement les pois chiches après 25 minutes. Une fois les pois chiches bien dorés et croustillants, retirer du four et laisser tiédir.

6. Pendant ce temps, cuire le couscous perlé selon les indications de l'emballage. Laisser tiédir.

7. Dans un saladier, mélanger le couscous perlé avec le reste des ingrédients de la salade.

8. Saler et poivrer les filets de saumon.

9. Dans une grande poêle allant au four, chauffer l'huile d'olive à feu moyen. Saisir les filets de saumon de 1 à 2 minutes de chaque côté. Poursuivre la cuisson au four de 8 à 10 minutes.

10. Répartir la salade de couscous dans les assiettes. Garnir chaque portion d'un filet de saumon, d'une rondelle de beurre parfumé et de pois chiches croustillants. Réserver le beurre parfumé restant au frais pour une utilisation ultérieure.

Notes

Cette salade de couscous est délicieuse seule, sans le saumon et le beurre parfumé. Même chose pour les pois chiches grillés, que je mange très souvent en collation. Quant au beurre aux tomates séchées, je l'utilise aussi avec du poulet ou du steak, en diminuant la quantité de citron pour un steak, et il est absolument délicieux sur une tranche de pain baguette bien chaud !

Sangria fraises, sirop d'érable et limonade rose

Préparation : 15 minutes | **Quantité :** 8 portions

5 à 6 fraises coupées en fines tranches

1 citron coupé en fines rondelles

75 ml (5 c. à soupe) de d'abricot

2 oz (60 ml) de vodka

1 oz (30 ml) de liqueur d'abricot (de type Apricot Brandy)

1 litre (4 tasses) de limonade aux framboises

½ citron (jus)

750 ml (3 tasses) de vin rosé

500 ml (2 tasses) de glaçons

60 ml (¼ de tasse) d'eau pétillante ou de boisson gazeuse au citron et à la lime de type 7 Up (facultatif)

Pour la garniture des verres :

125 ml (½ tasse) de sucre

1 citron (zeste)

1 quartier de citron

Quelques glaçons

8 fraises coupées en fines tranches

1 citron coupé en fines rondelles

1. Déposer les tranches de fraises et les rondelles de citron dans un pichet en verre. Ajouter le sirop d'érable, la vodka et la liqueur d'abricot. Remuer. Écraser légèrement les fraises pour en extraire les arômes.

2. Ajouter la limonade, le jus de citron et le vin rosé dans le pichet. Remuer.

3. Remplir le reste du pichet avec les glaçons.

4. Dans une assiette, mélanger le sucre avec les zestes de citron. Avec le quartier de citron, humidifier le rebord des verres. Tremper le rebord des verres dans le mélange de sucre pour les givrer.

5. Dans les verres, déposer quelques glaçons et, si désiré, l'eau pétillante. Remplir les verres de sangria. Garnir de tranches de fraises et de rondelles de citron.

Notes

L'été, la sangria, c'est un *must*! Cette version très *girly* est idéale pour les journées chaudes. Les fraises si sucrées de l'île d'Orléans et le mélange au sirop d'érable font un mariage parfait!

Bagatelle aux fraises de ma mère

Préparation : 25 minutes | **Réfrigération :** 15 minutes | **Cuisson :** 6 minutes | **Quantité :** de 8 à 10 portions

1 boîte de lait concentré sucré de 300 ml

375 ml (1 ½ tasse) d'eau froide

1 paquet de préparation pour pouding instantané à la vanille (en poudre) de 102 g

500 ml (2 tasses) de crème à fouetter 35 %

30 ml (2 c. à soupe) d'amandes tranchées

1 litre (4 tasses) de fraises coupées en quatre

1 gâteau quatre-quarts congelé de 304 g (de type Sara Lee), décongelé et coupé en cubes

1. Préchauffer le four à 190 °C (375 °F).
2. Dans un bol, fouetter le lait concentré avec l'eau 2 minutes à l'aide du batteur électrique (idéalement, le faire dans l'évier, car le mélange a tendance à éclabousser).
3. Ajouter la préparation pour pouding à la vanille et fouetter 5 minutes, jusqu'à ce que la préparation épaississe. Réfrigérer 10 minutes.
4. Dans un autre bol, fouetter la crème à l'aide du batteur électrique jusqu'à ce qu'elle soit assez ferme. Réfrigérer 5 minutes.
5. Sur une plaque de cuisson tapissée de papier parchemin, déposer les amandes. Cuire au four de 6 à 8 minutes en remuant à mi-cuisson, jusqu'à ce que les amandes soient légèrement dorées.
6. Incorporer la crème fouettée à la préparation au pouding en pliant délicatement le mélange à l'aide d'une spatule.
7. Dans un grand plat de présentation transparent, déposer la moitié des cubes de gâteau, de la préparation au pouding et des fraises. Couvrir du reste des cubes de gâteau, de la préparation au pouding et des fraises. Garnir d'amandes grillées.

Notes

Cette fameuse recette de bagatelle, je l'ai tellement faite souvent ! Mes amies me demandaient toujours la recette et je leur répondais : « Non ! Pas celle-là, c'est un secret de famille ! » Clairement, elle ne sera plus un secret ! Ma mère nous faisait ce dessert à chacune de nos fêtes. J'ai deux sœurs, et nos fêtes sont à deux semaines d'intervalle. Durant cette période, on mangeait donc ce gâteau en rafale toutes les trois ! En plus, nos fêtes sont entre le 24 juin et le 5 juillet, ce qui tombe en plein dans la saison des délicieuses fraises de l'île d'Orléans !

Gâteau étagé de crêpes et mousse au sirop d'érable

Préparation : 30 minutes | **Réfrigération :** 8 heures 15 minutes | **Cuisson :** 20 minutes | **Quantité :** 8 portions

Québécoise

Sucre à glacer au goût (facultatif)

Pour la crème à l'érable :

3 œufs

45 ml (3 c. à soupe) de farine

30 ml (2 c. à soupe) de fécule de maïs

210 ml (¾ de tasse + 2 c. à soupe) de sirop d'érable

5 ml (1 c. à thé) d'extrait de vanille

1,25 ml (¼ de c. à thé) de sel

560 ml (2 ¼ tasses) de lait

Pour la pâte à crêpes :

1,5 litre (6 tasses) de lait

1,5 litre (6 tasses) de farine

250 ml (1 tasse) de beurre fondu

250 ml (1 tasse) de sucre

9 œufs

1 pincée de sel

Pour les pommes caramélisées :

30 ml (2 c. à soupe) de beurre

3 pommes pelées et coupées en dés

60 ml (¼ de tasse) de sirop d'érable

30 ml (2 c. à soupe) de crème à cuisson 15%

1. Préparer la crème à l'érable. Dans un bol, fouetter les œufs avec la farine. Ajouter la fécule de maïs, la moitié du sirop d'érable, la vanille et le sel. Fouetter. Dans une casserole, chauffer le lait avec le reste du sirop d'érable. Lorsque le lait est sur le point de bouillir, verser sur la préparation aux œufs et fouetter rapidement pour éviter que des œufs brouillés se forment. Remettre dans la casserole. Porter à ébullition, puis cuire de 2 à 3 minutes en remuant constamment pour éviter que le fond ne brûle, jusqu'à ce que la préparation épaississe. Retirer du feu et filtrer la préparation au-dessus d'un bol à l'aide d'une passoire fine. Couvrir le bol d'une pellicule plastique en prenant soin que celle-ci touche à la préparation. Réfrigérer 8 heures, jusqu'à ce que la préparation ait complètement refroidi.

2. Dans le contenant du robot culinaire, déposer les ingrédients de la pâte à crêpes. Mélanger jusqu'à l'obtention d'une préparation lisse. Réfrigérer 30 minutes. Dans une poêle antiadhésive de 23 cm (9 po), faire fondre un peu de beurre à feu doux-moyen. Verser environ 60 ml (¼ de tasse) de pâte par crêpe en inclinant la poêle dans tous les sens afin d'en couvrir le fond. Cuire 1 minute, jusqu'à ce que les rebords de la crêpe soient colorés. Retourner la crêpe et cuire 30 secondes. Répéter avec le reste de la pâte. Réserver les crêpes dans une assiette à température ambiante.

3. Dans une assiette de service, déposer une crêpe, puis napper de 15 à 30 ml (1 à 2 c. à soupe) de crème à l'érable. Couvrir d'une autre crêpe. Répéter avec le reste des crêpes et de la crème à l'érable. Réfrigérer de 15 à 20 minutes.

4. Pendant ce temps, préparer les pommes caramélisées. Dans une poêle, faire fondre le beurre à feu moyen. Cuire les pommes de 4 à 5 minutes, jusqu'à ce qu'elles soient légèrement dorées. Ajouter le sirop d'érable et la crème. Laisser mijoter de 2 à 3 minutes. Au moment de servir, garnir le gâteau de pommes caramélisées et, si désiré, de sucre à glacer.

Gâteau au fromage et bleuets

Préparation : 25 minutes | **Réfrigération :** 4 heures | **Cuisson :** 2 minutes | **Quantité :** de 8 à 10 portions

Pour la croûte :

375 ml (1 ½ tasse) de chapelure de biscuits Graham

125 ml (½ tasse) de beurre fondu

60 ml (¼ de tasse) de sucre à glacer

Pour la garniture :

250 ml (1 tasse) de crème à fouetter 35 % à température ambiante

1 contenant de fromage à la crème de 340 g, à température ambiante

160 ml (⅔ de tasse) de sucre à glacer

160 ml (⅔ de tasse) de crème fraîche à température ambiante

15 ml (1 c. à soupe) de sirop d'érable à température ambiante

1 gousse de vanille (grains seulement)

Pour décorer :

500 ml (2 tasses) de bleuets

60 ml (¼ de tasse) de sirop d'érable

1. Dans un bol, mélanger les ingrédients de la croûte.
2. Beurrer un moule à charnière de 20 cm (8 po) de diamètre, puis y étaler la croûte. Presser au fond du moule afin de former une croûte uniforme. Réserver au frais.
3. Dans un autre bol, fouetter la crème à vitesse élevée à l'aide du batteur électrique jusqu'à l'obtention de pics fermes. Incorporer le reste des ingrédients de la garniture et mélanger jusqu'à l'obtention d'une préparation homogène.
4. Garnir la croûte de préparation au fromage à la crème. Réfrigérer 4 heures.
5. Pendant ce temps, chauffer les bleuets et le sirop d'érable de 2 à 3 minutes à feu moyen dans une poêle. Retirer du feu et laisser tiédir.
6. Au moment de servir, garnir le gâteau de préparation aux bleuets.

Notes

Les ingrédients de la garniture doivent absolument être à température ambiante, sinon le gâteau ne sera pas lisse. Je les sors du frigo au minimum une heure avant de commencer la recette. Je n'utilise que très rarement de l'extrait de vanille dans mes recettes pour une seule et bonne raison : je trouve son goût trop artificiel. Dans ce gâteau, la gousse de vanille apporte un goût vraiment authentique. En plus, c'est si beau de voir les petits grains dans le mélange bien blanc !

Pouding chômeur, sauce au sucre à la crème et chantilly à l'érable

Préparation : 20 minutes | **Cuisson :** 38 minutes | **Quantité :** 8 portions

125 ml (½ tasse) de beurre à température ambiante

250 ml (1 tasse) de sucre

2 œufs

5 ml (1 c. à thé) d'extrait de vanille

500 ml (2 tasses) de farine

15 ml (1 c. à soupe) de poudre à pâte

330 ml (1 ⅓ tasse) de lait

Pour la sauce au sucre à la crème :

375 ml (1 ½ tasse) de sirop d'érable

375 ml (1 ½ tasse) de cassonade

375 ml (1 ½ tasse) de crème à cuisson 35%

80 ml (⅓ de tasse) de beurre

Pour la chantilly à l'érable :

250 ml (1 tasse) de crème à fouetter 35%

60 ml (¼ de tasse) de sirop d'érable

5 ml (1 c. à thé) d'extrait de vanille

1. Préchauffer le four à 180 °C (350 °F).
2. Dans un bol, fouetter le beurre avec le sucre à l'aide du batteur électrique. Ajouter les œufs avec la vanille. Fouetter de nouveau jusqu'à l'obtention d'une texture homogène.
3. Ajouter la farine et la poudre à pâte, en alternant avec le lait. Mélanger jusqu'à l'obtention d'une texture homogène.
4. Beurrer un plat de cuisson, puis y verser la pâte.
5. Dans une casserole, mélanger les ingrédients de la sauce au sucre à la crème. Porter à ébullition, puis laisser mijoter de 3 à 4 minutes en remuant.
6. Verser la sauce très chaude sur la pâte.
7. Cuire au four de 35 à 40 minutes, jusqu'à ce que le pouding soit bien doré.
8. Dans un bol, fouetter la crème à fouetter à l'aide du batteur électrique, jusqu'à ce qu'elle épaississe. Incorporer le sirop d'érable et la vanille.
9. Servir le pouding chômeur avec la crème chantilly à l'érable.

Notes

Pour que ce soit super cochon, je double la recette de sauce au sucre à la crème. Mon mari n'aime les desserts que s'ils contiennent des fruits ou quelque chose qui apporte de la fraîcheur. C'est pourquoi je sers ce pouding avec des bleuets, que je réchauffe une minute dans une poêle avec un filet de sirop d'érable. Le tout est garni d'une chantilly au sirop d'érable et à la vanille. On peut remplacer la chantilly par une boule de crème glacée à la vanille.

Américaine

Chaque fois que je rends visite aux membres de ma famille qui vivent aux États-Unis, leur cuisine me fait saliver dès le premier coup d'œil ! Je vous présente ici des plats qui font honneur à mes origines à moitié américaines et qui s'inspirent de mes séjours là-bas. Vous y découvrirez entre autres des recettes qui mettent en valeur le poulet frit, le bacon et le porc effiloché, une trempette chaude aux artichauts, des bouchées de Tater Tots parfaites pour l'heure de l'apéro… sans oublier des desserts simples et cochons !

Tater Tots maison

Préparation : 15 minutes | **Cuisson :** 51 minutes | **Quantité :** 24 morceaux

Notes

Les Tater Tots sont tellement populaires aux *States*, on en voit partout! À la maison, c'est plus souvent les versions surgelées que les gens utilisent, mais cette recette faite maison est incroyable! Les Tater Tots peuvent être servis en entrée ou pour accompagner un plat principal. Selon moi, le meilleur, c'est de les manger avec du ketchup!

Américaine

3 pommes de terre Russet

Sel et poivre au goût

60 ml (¼ de tasse) de beurre

30 ml (2 c. à soupe) de persil frais haché

30 ml (2 c. à soupe) de ciboulette fraîche hachée

1 gousse d'ail hachée

45 ml (3 c. à soupe) de farine

2 litres (8 tasses) d'huile de canola

Pour la mayonnaise à l'huile de truffe :

180 ml (¾ de tasse) d'huile de canola

60 ml (¼ de tasse) d'huile de truffe

1 jaune d'œuf

5 ml (1 c. à thé) de moutarde de Dijon

1. Préchauffer le four à 180 °C (350 °F). Emballer individuellement les pommes de terre dans du papier d'aluminium. Cuire au four de 45 à 55 minutes, jusqu'à ce que les pommes de terre soient tendres.

2. Retirer les pommes de terre du papier d'aluminium et enlever doucement la pelure en prenant soin de retirer le moins de chair possible. À l'aide d'une râpe à fromage, râper les pommes de terre. Déposer les pommes de terre râpées dans un bol. Saler et poivrer.

3. Dans une poêle, faire fondre le beurre à feu moyen. Faire revenir les fines herbes et l'ail de 3 à 4 minutes, sans laisser brunir. Retirer du feu et réserver.

4. Incorporer les pommes de terre au beurre parfumé. Ajouter la farine et remuer. Préparer la mayonnaise à l'huile de truffe. Dans un petit bol, mélanger l'huile de canola avec l'huile de truffe. Dans un autre bol, fouetter le jaune d'œuf avec la moutarde de Dijon. Incorporer le mélange d'huiles en filet en fouettant constamment. Réserver au frais.

5. Façonner 24 petits ovales avec la préparation aux pommes de terre. Déposer sur une plaque de cuisson farinée. Saupoudrer de farine afin d'éviter que les morceaux ne collent ensemble.

6. Dans une friteuse ou dans une grande casserole, chauffer l'huile de canola à feu moyen jusqu'à ce qu'elle atteigne une température de 190 °C (375 °F) sur un thermomètre à cuisson. Si une casserole est utilisée, bien surveiller la cuisson pour éviter que l'huile ne surchauffe et ne s'enflamme. Faire frire les Tater Tots de 3 à 4 minutes, jusqu'à ce qu'ils soient dorés et croustillants. Assécher sur du papier absorbant. Servir avec la mayonnaise à l'huile de truffe.

Trempette chaude aux artichauts

Préparation : 20 minutes | **Cuisson :** 24 minutes | **Quantité :** 4 portions

15 ml (1 c. à soupe) de beurre

1 sac d'épinards frais de 171 g

2 gousses d'ail hachées finement

Sel et poivre au goût

1 contenant de fromage à la crème de 340 g à température ambiante

1 jalapeño épépiné et haché

1 pot de cœurs d'artichauts marinés de 340 ml, égouttés et hachés

250 ml (1 tasse) de mayonnaise

30 ml (2 c. à soupe) de jus de citron frais

250 ml (1 tasse) de parmesan râpé

125 ml (½ tasse) de chapelure assaisonnée à l'italienne

250 ml (1 tasse) de mozzarella râpée

1. Préchauffer le four à 180 °C (350 °F).
2. Dans une poêle, faire fondre le beurre à feu moyen. Faire revenir les épinards et l'ail 2 à 3 minutes, jusqu'à ce que les épinards soient tombés. Saler et poivrer. Retirer du feu.
3. Dans un plat de cuisson, mélanger le fromage à la crème avec les épinards, le jalapeño, les artichauts, la mayonnaise, le jus de citron, le parmesan, la chapelure et environ 160 ml (⅔ de tasse) de mozzarella. Saler et poivrer. Égaliser la surface, puis garnir du reste de la mozzarella.
4. Cuire au four 20 minutes.
5. Régler le four à la position « gril » (*broil*) et faire gratiner de 2 à 3 minutes.
6. Servir avec des légumes ou une baguette de pain fraîche ou cuite au four.

Notes

Dès qu'on couche Mason, mon mari se remet à travailler et il a toujours une petite fringale en soirée, alors j'aime lui préparer cette trempette !

Petits pains au bacon et fromage

Préparation : 15 minutes | **Cuisson :** 36 minutes | **Quantité :** 12 petits pains

- 6 tranches de bacon à l'érable
- 500 ml (2 tasses) de farine
- 10 ml (2 c. à thé) de poudre à pâte
- 2,5 ml (½ c. à thé) de bicarbonate de soude
- 15 ml (1 c. à soupe) de sucre
- 1,25 ml (¼ de c. à thé) de piment de Cayenne
- 5 ml (1 c. à thé) de paprika
- 125 ml (½ tasse) de beurre froid
- 310 ml (1 ¼ tasse) de crème à cuisson 35 %
- 500 ml (2 tasses) de fromage suisse râpé
- 15 ml (1 c. à soupe) de ciboulette fraîche hachée

1. Préchauffer le four à 205 °C (400 °F).
2. Sur une plaque de cuisson tapissée de papier parchemin, déposer les tranches de bacon. Cuire au four de 18 à 20 minutes, jusqu'à ce que le bacon soit croustillant. Retirer du four et couper le bacon en petits morceaux.
3. Dans un bol, mélanger la farine avec la poudre à pâte, le bicarbonate de soude, le sucre, le piment de Cayenne et le paprika.
4. Avec les mains, incorporer le beurre froid. Ajouter la crème, le fromage suisse, le bacon et la ciboulette. Mélanger de nouveau avec les mains.
5. Façonner douze petits pains avec la pâte.
6. Sur une plaque de cuisson tapissée de papier parchemin, déposer les petits pains. Cuire au four 18 minutes.
7. Servir les petits pains avec du beurre.

Notes

Ce pain est vraiment à son meilleur frais sorti du four. Comme la recette est pour douze pains, j'en congèle une partie pour les jours suivants et je les mets au four quelques minutes avant de les servir. Ils sont alors à nouveau moelleux à l'intérieur et bien croquants à l'extérieur !

Mini-burgers de porc effiloché et cornichons frits

Recette à la mijoteuse

Préparation : 45 minutes | **Cuisson :** 4 heures | **Quantité :** 12 mini-burgers

1 épaule de porc picnic avec os de 1,5 kg (3 ⅓ lb)

125 ml (½ tasse) de mayonnaise

12 petits pains à hamburger

Pour la sauce :

30 ml (2 c. à soupe) de beurre

1 oignon rouge haché

3 gousses d'ail hachées

60 ml (¼ de tasse) de whisky (de type Jack Daniel's)

500 ml (2 tasses) de ketchup

125 ml (½ tasse) de mélasse

60 ml (¼ de tasse) de cassonade

60 ml (¼ de tasse) de vinaigre de cidre

60 ml (¼ de tasse) d'eau

30 ml (2 c. à soupe) de sauce Worcestershire

30 ml (2 c. à soupe) de pâte de tomates

15 ml (1 c. à soupe) de moutarde de Dijon ou de moutarde de Meaux

10 ml (2 c. à thé) de piments chipotle dans une sauce adobo (de type La Costeña) hachés

5 ml (1 c. à thé) de sel

Pour la salade de chou :

125 ml (½ tasse) de mayonnaise

60 ml (¼ de tasse) d'huile de canola

30 ml (2 c. à soupe) de persil frais haché finement

30 ml (2 c. à soupe) de cassonade

30 ml (2 c. à soupe) de vinaigre de cidre

½ jalapeño épépiné et haché

Sel et poivre au goût

750 ml (3 tasses) de chou rouge émincé

250 ml (1 tasse) de chou vert émincé

Pour les cornichons frits :

3 cornichons coupés en rondelles

250 ml (1 tasse) de farine

5 ml (1 c. à thé) de sucre

5 ml (1 c. à thé) de poudre à pâte

2,5 ml (½ c. à thé) de sel

1 œuf

250 ml (1 tasse) de bière

2 litres (8 tasses) d'huile de canola

1. Dans une grande poêle, faire fondre le beurre à feu moyen. Faire suer l'oignon et l'ail 2 minutes.
2. Déglacer avec le whisky et laisser mijoter jusqu'à évaporation complète du liquide.
3. Ajouter le reste des ingrédients de la sauce et remuer. Porter à ébullition, puis cuire 10 minutes.
4. Dans la mijoteuse, déposer l'épaule de porc, puis verser la sauce. Couvrir et cuire 4 heures à intensité élevée ou 8 heures à faible intensité.
5. Dans un saladier, mélanger les ingrédients de la salade de chou, à l'exception des choux. Ajouter les choux et remuer. Laisser reposer au frais 30 minutes.
6. Déposer les rondelles de cornichons sur du papier absorbant et presser légèrement afin de retirer l'excédent d'eau.
7. Dans un bol, mélanger la farine avec le sucre, la poudre à pâte et le sel.
8. Dans un autre bol, fouetter l'œuf avec la bière. Incorporer le mélange de farine et remuer jusqu'à l'obtention d'une préparation homogène.
9. Tremper les rondelles de cornichons dans la pâte.
10. Dans une friteuse ou dans une grande casserole, chauffer l'huile de canola à feu moyen jusqu'à ce qu'elle atteigne une température de 190 °C (375 °F) sur un thermomètre à cuisson. Si une casserole est utilisée, bien surveiller la cuisson pour éviter que l'huile ne surchauffe et ne s'enflamme. Faire frire les rondelles de cornichons de 5 à 6 minutes, jusqu'à ce qu'elles soient dorées et croustillantes. Laisser reposer sur une grille et saler.
11. Retirer la viande de la mijoteuse et l'effilocher à l'aide de deux fourchettes, en prenant soin de retirer l'os et le gras. Réserver la viande effilochée dans un bol.
12. À l'aide d'une louche, retirer le gras à la surface de la sauce contenue dans la mijoteuse. Filtrer la sauce à l'aide d'un tamis.
13. Dans un petit bol, mélanger la mayonnaise avec 30 ml (2 c. à soupe) de sauce à porc effiloché.
14. Ajouter la sauce restante dans le bol contenant le porc et remuer.
15. Cuire les petits pains au four à la position «gril» (*broil*) quelques minutes, jusqu'à ce qu'ils soient légèrement dorés.
16. Garnir les petits pains de porc effiloché et de salade de chou. Servir avec les cornichons frits accompagnés de mayonnaise à la sauce barbecue.

Pâtes sauce Alfredo et poulet frit

Préparation : 20 minutes | **Cuisson :** 40 minutes | **Quantité :** 4 portions

2 poitrines de poulet sans peau

15 ml (1 c. à soupe) d'huile d'olive

350 g (environ ¾ de lb) de tagliatelles

Quelques copeaux de parmesan

60 ml (¼ de tasse) d'oignons verts hachés finement

Pour la panure :

125 ml (½ tasse) de farine

Sel et poivre au goût

1 œuf

15 ml (1 c. à soupe) d'eau

250 ml (1 tasse) de chapelure panko

60 ml (¼ de tasse) de parmesan râpé

Pour la sauce Alfredo :

15 ml (1 c. à soupe) d'huile d'olive

1 oignon haché

2 gousses d'ail hachées

1 pincée de muscade

Sel et poivre au goût

60 ml (¼ de tasse) de vin blanc

500 ml (2 tasses) de crème à cuisson 35 %

1 jaune d'œuf

250 ml (1 tasse) de parmesan râpé

1. Préchauffer le four à 180 °C (350 °F).
2. Préparer trois assiettes creuses. Dans la première, verser la farine. Saler et poivrer. Dans la deuxième, battre l'œuf avec l'eau. Dans la troisième, mélanger la chapelure avec le parmesan. Fariner les poitrines de poulet, les tremper dans l'œuf battu, puis les enrober du mélange de chapelure. Tremper à nouveau les poitrines dans l'œuf battu et les enrober du mélange de chapelure.
3. Dans une poêle, chauffer l'huile d'olive à feu moyen. Faire dorer les poitrines de poulet de 2 à 3 minutes de chaque côté.
4. Déposer les poitrines de poulet sur une plaque de cuisson tapissée de papier parchemin. Poursuivre la cuisson au four 20 minutes, jusqu'à ce que l'intérieur de la chair du poulet ait perdu sa teinte rosée. Retirer du four et laisser reposer 5 minutes, puis trancher les poitrines de poulet.
5. Pendant ce temps, préparer la sauce. Dans une casserole, chauffer l'huile d'olive à feu moyen. Faire revenir l'oignon de 4 à 5 minutes, jusqu'à ce qu'il soit translucide.
6. Ajouter l'ail et cuire 2 minutes sans laisser brunir.
7. Ajouter la muscade. Poivrer généreusement et remuer. Ajouter le vin et laisser mijoter jusqu'à ce que le liquide ait réduit de moitié.
8. Ajouter la crème et laisser mijoter en remuant constamment jusqu'à ce que la sauce ait réduit et épaissi. Lorsque la sauce nappe le dos d'une cuillère, retirer la casserole du feu.
9. Ajouter le jaune d'œuf et le parmesan dans la casserole en fouettant. Réserver.
10. Dans une casserole d'eau bouillante salée, cuire les tagliatelles *al dente*. Égoutter.
11. Répartir les pâtes dans les assiettes, puis les garnir de sauce Alfredo. Garnir de tranches de poulet, de copeaux de parmesan et d'oignons verts.

Notes

Cette recette est très *kid friendly*, mais les parents vont tout autant en raffoler ! Parfait pour un repas de semaine rapide, ce plat peut être préparé à l'avance, mais il est si simple à réaliser que je le fais pour dépanner quand je n'ai rien de prévu au menu.

Cobb salad

Préparation : 25 minutes | **Quantité :** 4 portions

- 1 laitue romaine déchiquetée
- 3 épis de maïs cuits et égrainés
- 2 poitrines de poulet cuites et coupées en morceaux
- 10 tranches de bacon cuites et coupées en morceaux
- 250 ml (1 tasse) de tomates cerises coupées en deux
- 2 avocats coupés en quartiers
- 125 ml (½ tasse) de feta émiettée
- 2 oignons verts hachés
- 3 œufs cuits dur coupés en quatre

Pour la vinaigrette :

- 125 ml (½ tasse) de mayonnaise
- 125 ml (½ tasse) de crème sure
- 125 ml (½ tasse) de babeurre
- 7,5 ml (½ c. à soupe) de sauce Worcestershire
- 2,5 ml (½ c. à thé) de moutarde de Dijon
- 1,25 ml (¼ de c. à thé) de piment de Cayenne
- 1 pincée de sel
- 60 ml (¼ de tasse) de fromage bleu émietté

1. Dans un bol, fouetter les ingrédients de la vinaigrette, à l'exception du fromage bleu.

2. Ajouter le fromage bleu et remuer délicatement afin de conserver quelques petits morceaux de fromage.

3. Dans une grande assiette, répartir la laitue romaine. Répartir séparément tous les ingrédients de la salade sur le lit de laitue de manière à former des rangées.

4. Au moment de servir, napper la salade de vinaigrette.

Notes

On peut parfaitement s'amuser à varier les ingrédients de cette salade. Alors que je la prépare avec du poulet grillé, mon mari, lui, la préfère garnie de jambon ! Si jamais vous n'aimez pas le fromage bleu, vous pouvez très bien faire la vinaigrette sans celui-ci.

Sandwich au poulet frit et sauce Buffalo

Préparation : 25 minutes | **Cuisson :** 15 minutes | **Quantité :** 4 portions

2 poitrines de poulet sans peau coupées en deux sur l'épaisseur

2 litres (8 tasses) d'huile de canola

4 pains à hamburger

Pour la sauce Buffalo :

30 ml (2 c. à soupe) de beurre

45 ml (3 c. à soupe) de ketchup

125 ml (½ tasse) de sauce au piment de Cayenne (de type Frank's Red Hot)

Pour la panure :

500 ml (2 tasses) de farine

Sel et poivre au goût

250 ml (1 tasse) de babeurre à température ambiante

5 ml (1 c. à thé) de paprika

2,5 ml (½ c. à thé) de poivre moulu

5 ml (1 c. à thé) de sel

2,5 ml (½ c. à thé) de poudre à pâte

Pour la sauce au fromage bleu :

250 ml (1 tasse) de mayonnaise

60 ml (¼ de tasse) de fromage bleu émietté

45 ml (3 c. à soupe) de babeurre

30 ml (2 c. à soupe) de sauce Worcestershire

1. Déposer les demi-poitrines de poulet entre deux épaisseurs de pellicule plastique, puis les aplatir légèrement à l'aide d'un attendrisseur à viande.

2. Préparer la sauce Buffalo. Dans une casserole, faire fondre le beurre à feu moyen. Incorporer le ketchup et la sauce au piment de Cayenne. Laisser mijoter 5 minutes. Retirer du feu et réserver.

3. Préparer trois assiettes creuses. Dans la première, verser 250 ml (1 tasse) de farine. Saler et poivrer. Dans la deuxième, mélanger le babeurre avec le paprika, le poivre et le sel. Dans la troisième, mélanger 250 ml (1 tasse) de farine avec la poudre à pâte et 80 ml (⅓ de tasse) du mélange de babeurre contenu dans la deuxième assiette creuse. Fariner les escalopes de poulet, les tremper dans la préparation au babeurre, puis les tremper généreusement dans la préparation à la farine et au babeurre.

4. Dans une friteuse ou dans une grande casserole, chauffer l'huile de canola à feu moyen jusqu'à ce qu'elle atteigne une température de 190 °C (375 °F) sur un thermomètre à cuisson. Si une casserole est utilisée, bien surveiller la cuisson pour éviter que l'huile ne surchauffe et ne s'enflamme. Cuire les escalopes de poulet de 7 à 8 minutes, jusqu'à ce que l'intérieur de la chair du poulet ait perdu sa teinte rosée. Assécher sur du papier absorbant et réserver.

5. Dans un bol, mélanger les ingrédients de la sauce au fromage bleu.

6. Ouvrir les pains à hamburger en deux. Badigeonner l'intérieur des pains d'un peu de beurre.

7. Chauffer une poêle à feu moyen. Faire dorer les pains de 30 secondes à 1 minute de chaque côté.

8. Garnir les pains d'un peu de sauce au fromage bleu, puis de poulet frit. Verser la sauce Buffalo sur le poulet, puis garnir du reste de la sauce au fromage bleu.

Notes

Ce poulet est vraiment bon juste comme ça, sans le pain à hamburger. On peut aussi le faire en version poulet popcorn !

Brownies

Préparation : 15 minutes | **Cuisson :** 30 minutes | **Quantité :** 9 carrés

180 ml (¾ de tasse) de beurre

300 g (⅔ de lb) de chocolat au choix coupé en morceaux

125 ml (½ tasse) de cassonade

180 ml (¾ de tasse) de sucre à glacer

4 œufs

5 ml (1 c. à thé) d'extrait de vanille

125 ml (½ tasse) de farine

5 ml (1 c. à thé) de fleur de sel

125 ml (½ tasse) de noix de Grenoble hachées grossièrement

Pour la garniture :

150 g (⅓ de lb) de chocolat noir coupé en morceaux (facultatif)

30 ml (2 c. à soupe) de sucre à glacer

1. Préchauffer le four à 180 °C (350 °F).
2. Dans un bain-marie, faire fondre le beurre. Ajouter le chocolat dans le bain-marie et chauffer sans remuer, jusqu'à ce que le chocolat soit fondu. Retirer du feu.
3. Ajouter la cassonade et le sucre à glacer. Remuer.
4. Dans un autre bol, fouetter les œufs. Incorporer la vanille.
5. Incorporer graduellement le chocolat fondu, la farine et la fleur de sel à la préparation aux œufs.
6. Incorporer les noix de Grenoble.
7. Beurrer un moule carré, puis le tapisser de papier parchemin et y verser la pâte. Égaliser la surface. S'assurer qu'il n'y ait pas de noix de Grenoble à la surface afin d'éviter qu'elles ne brûlent. Cuire au four de 30 à 35 minutes.
8. Si désiré, faire fondre le chocolat noir dans un bain-marie.
9. Si désiré, garnir les brownies de chocolat noir fondu. Saupoudrer de sucre à glacer. Couper en neuf carrés.

Gâteau au fromage aux framboises

Préparation : 25 minutes | **Réfrigération :** 2 heures | **Quantité :** 8 portions

Notes

La gélatine est essentielle pour cette recette, car sinon, le gâteau ne tiendra pas !

Américaine

Pour la croûte :

125 ml (½ tasse) de beurre fondu

500 ml (2 tasses) de chapelure de biscuits Graham

Pour la garniture au fromage et aux framboises :

500 ml (2 tasses) de framboises

45 ml (3 c. à soupe) de sucre

30 ml (2 c. à soupe) de jus de citron frais

2 contenants de fromage à la crème de 250 g chacun

1 contenant de mascarpone de 275 g

250 ml (1 tasse) de crème à cuisson 35 %

180 ml (¾ de tasse) de sucre

1 sachet de gélatine sans saveur de 7 g

Pour le coulis aux framboises (facultatif) :

250 ml (1 tasse) de framboises

30 ml (2 c. à soupe) de sucre

1 citron (jus et zeste)

15 ml (1 c. à soupe) de fécule de maïs

1. Dans un bol, mélanger le beurre fondu avec la chapelure de biscuits. Tapisser un moule à charnière de 20 cm (8 po) de diamètre de papier parchemin, puis y étaler la croûte en une couche uniforme en pressant fermement la préparation.

2. Dans le contenant du mélangeur électrique, déposer les framboises, le sucre et le jus de citron. Mélanger jusqu'à l'obtention d'une purée lisse. Filtrer la préparation à l'aide d'une passoire fine pour retirer tous les grains de framboises.

3. À l'aide du batteur électrique, fouetter le fromage à la crème avec le mascarpone, la crème et le sucre dans un bol jusqu'à l'obtention d'une préparation homogène. Ajouter la préparation aux framboises. Fouetter jusqu'à l'obtention d'une préparation homogène.

4. Dans un bol, préparer la gélatine selon les indications de l'emballage. Verser la gélatine dans le bol contenant la préparation au fromage et remuer.

5. Verser la garniture au fromage et aux framboises sur la croûte. Couvrir et réfrigérer de 2 à 3 heures.

6. Si désiré, préparer le coulis. Dans une casserole, déposer les framboises, le sucre, le jus et le zeste de citron. Délayer la fécule de maïs dans un peu d'eau, puis ajouter dans la casserole et remuer. Porter à ébullition, puis cuire 5 minutes en écrasant les framboises. Filtrer le coulis à l'aide d'une passoire fine pour retirer les graine de framboises. Servir avec le gâteau.

Pain perdu croissants et chocolat

Préparation : 20 minutes | **Temps de repos :** 15 minutes | **Cuisson :** 35 minutes | **Quantité :** 6 portions

5 croissants

3 œufs

500 ml (2 tasses) de crème à fouetter 35 %

10 ml (2 c. à thé) d'extrait de vanille

1 pincée de cannelle

2,5 ml (½ c. à thé) de muscade

60 ml (¼ de tasse) de sucre

125 ml (½ tasse) de beurre fondu

100 g (3 ½ oz) de chocolat au choix coupé en morceaux

Pour la crème à la vanille :

500 ml (2 tasses) de crème à cuisson 35 %

60 ml (¼ de tasse) de sucre

10 ml (2 c. à thé) d'extrait de vanille

1. Préchauffer le four à 163 °C (325 °F).
2. Couper les croissants en gros morceaux.
3. Dans un bol, fouetter les œufs avec la crème, la vanille, la cannelle, la muscade et le sucre.
4. Ajouter les croissants et remuer. Laisser reposer 15 minutes, jusqu'à ce que les croissants aient absorbé tout le liquide.
5. Beurrer un plat de cuisson carré, puis y déposer la moitié de la préparation aux croissants. Verser le beurre fondu sur la préparation, puis garnir de morceaux de chocolat. Garnir du reste de la préparation aux croissants, en s'assurant que la préparation ne déborde pas du plat.
6. Cuire au four de 35 à 40 minutes.
7. Pendant ce temps, mélanger les ingrédients de la crème à la vanille dans une casserole. Cuire à feu moyen de 10 à 15 minutes, jusqu'à l'obtention d'une consistance épaisse.
8. Servir le pain perdu avec la crème à la vanille.

Notes

J'aime aussi accompagner ce dessert d'une sauce au rhum. Voici comment la préparer : dans une casserole, porter à ébullition 500 ml (2 tasses) de cassonade avec 250 g (environ ½ lb) de beurre. Diminuer l'intensité du feu, puis ajouter 180 ml (¾ de tasse) de crème à fouetter 35 % et 125 ml (½ tasse) de rhum brun dans la casserole. Cuire de 3 à 4 minutes. Retirer du feu, puis ajouter 5 ml (1 c. à thé) d'extrait de vanille. Remuer. Laisser tiédir. Cette sauce se conserve 2 semaines au frais.

Cobbler aux pêches

Préparation : 15 minutes | **Cuisson :** 35 minutes | **Quantité :** 6 portions

750 ml (3 tasses) de pêches fraîches coupées en quartiers

250 ml (1 tasse) de bleuets

125 ml (½ tasse) de sucre

1 orange (zeste et jus)

15 ml (1 c. à soupe) de fécule de maïs

Pour le crumble :

125 ml (½ tasse) de sucre

125 ml (½ tasse) de cassonade

250 ml (1 tasse) de flocons d'avoine

250 ml (1 tasse) de farine

180 ml (¾ de tasse) de beurre coupé en cubes

125 ml (½ tasse) d'amandes tranchées

1. Préchauffer le four à 180 °C (350 °F).
2. Dans un bol, mélanger les pêches avec les bleuets, le sucre et le zeste d'orange.
3. Dans un autre bol, mélanger le jus d'orange avec la fécule de maïs.
4. Ajouter la préparation au jus d'orange dans le bol contenant la préparation aux fruits et remuer.
5. Déposer la préparation aux fruits dans un plat de cuisson rond ou carré.
6. Dans le contenant du mélangeur électrique, déposer le sucre, la cassonade, les flocons d'avoine, la farine et les cubes de beurre. Mélanger jusqu'à l'obtention d'une texture homogène.
7. Transférer le crumble dans un bol, puis y ajouter les amandes tranchées et remuer.
8. Couvrir la préparation aux fruits avec le crumble.
9. Cuire au four de 35 à 40 minutes. Retirer du four et servir chaud avec de la crème glacée.

Mexicaine

Pour moi, la cuisine mexicaine est le meilleur moyen d'ensoleiller son assiette, et ce, à longueur d'année! Je vous propose donc une foule de recettes élaborées après mes voyages au Mexique: un ceviche crémeux à base de lait de coco, un cocktail de crevettes épicé, une salade, une soupe mexicaine et des tacos à base de tilapia, de thon ou de bœuf. Je vous dévoile même les secrets des churros maison!

Cocktail épicé à la mangue

Préparation : 10 minutes | **Cuisson :** 5 minutes | **Réfrigération :** 20 minutes | **Quantité :** 4 portions

Mexicaine

4 oz (120 ml) de tequila

60 ml (¼ de tasse) de jus de lime frais

15 ml (1 c. à soupe) de zestes de lime

500 ml (2 tasses) de jus de mangue

Quelques rondelles de lime

6 rondelles de jalapeño*

Pour le sirop simple épicé :

125 ml (½ tasse) d'eau

125 ml (½ tasse) de sucre

3 rondelles de jalapeño épépinées

Pour la garniture :

15 ml (1 c. à soupe) de sel himalayen rose

5 ml (1 c. à thé) de flocons de piment broyés

2,5 ml (½ c. à thé) de paprika

1 quartier de lime

*Gardez les pépins si vous aimez le côté épicé!

1. Dans une casserole, mélanger les ingrédients du sirop simple. Chauffer 5 minutes à feu moyen. Retirer du feu et retirer les rondelles de jalapeño. Réfrigérer environ 20 minutes.

2. Dans une assiette, mélanger le sel himalayen avec les flocons de piment broyés et le paprika. Avec le quartier de lime, humidifier le rebord des verres. Tremper le rebord des verres dans le mélange d'épices pour les givrer.

3. Dans un *shaker*, déposer environ 250 ml (1 tasse) de glace.

4. Dans le *shaker*, ajouter la tequila, le jus de lime, les zestes de lime, le sirop simple refroidi, le jus de mangue et les rondelles de jalapeño. Secouer vigoureusement. Dans les verres, déposer quelques glaçons, puis y verser le cocktail. Ajouter les rondelles de lime. Si désiré, garnir de quelques rondelles de jalapeño. Rectifier l'assaisonnement au besoin (il se peut que vous vouliez ajouter un peu plus de lime).

Cocktail de crevettes épicé

Préparation : 15 minutes | **Quantité :** 4 portions (entrée)

450 g (1 lb) de grosses crevettes (calibre 21/25) crues, non décortiquées

250 ml (1 tasse) de ketchup

1 lime (jus et zeste)

5 ml (1 c. à thé) de tabasco

15 ml (1 c. à soupe) d'huile d'olive

60 ml (¼ de tasse) de feuilles de coriandre fraîche

½ concombre anglais épépiné et coupé en dés

½ petit oignon rouge haché

½ jalapeño épépiné

1 avocat coupé en dés

Sel et poivre au goût

1. Dans une casserole d'eau bouillante, déposer les crevettes. Réduire le feu pour que l'eau frémisse doucement (sinon les crevettes seront trop *chewy*), puis cuire 3 minutes. Il est possible d'ajouter des aromates dans l'eau, comme des carottes, du céleri ou du citron. Cela donne un bon goût au court-bouillon.

2. Égoutter les crevettes et retirer la carapace. Déveiner les crevettes, puis les couper en deux sur l'épaisseur. Réserver les crevettes au frais. Cette étape peut être faite à l'avance.

3. Dans un bol, mélanger le ketchup avec le jus de lime, le zeste de lime, le tabasco et l'huile d'olive. Ajouter la coriandre et remuer.

4. Répartir la préparation au ketchup dans des coupes de service. Garnir de crevettes, de concombre, d'oignon et de jalapeño.

5. Au moment de servir, garnir d'avocat. Saler et poivrer.

6. Si désiré, servir avec quelques quartiers de lime et des chips de maïs.

Notes

Vous êtes pressé dans le temps, mais vous aimeriez impressionner vos invités avec une entrée qui peut sembler complexe au goût, mais qui est en réalité si simple à faire? Je vous suggère ce cocktail de crevettes! C'est super frais et léger. On peut même le faire pour un dîner plus léger. Servi avec un petit verre de rosé, c'est la perfection!

Soupe mexicaine à ma façon!

Préparation : 20 minutes | **Cuisson :** 30 minutes | **Quantité :** 4 portions

15 ml (1 c. à soupe) d'huile d'olive

4 tomates coupées en quartiers

1 oignon blanc coupé en quartiers

½ jalapeño épépiné

2 gousses d'ail avec la pelure

750 ml (3 tasses) de bouillon de légumes

1 à 2 petites tortillas

60 ml (¼ de tasse) de pâte de tomates

1 boîte de tomates en dés de 796 ml

45 ml (3 c. à soupe) de miel

Sel et poivre au goût

Pour garnir (facultatif) :

2 à 3 maïs rôtis et égrainés*

60 ml (¼ de tasse) de mascarpone

30 ml (2 c. à soupe) de feta émiettée

Quelques feuilles de coriandre fraîche

1 à 2 petites tortillas

1 lime coupée en quatre

1 avocat coupé en petits cubes

*Voir la recette de maïs rôti à la page 166 pour la méthode de cuisson.

1. Dans une poêle, chauffer l'huile à feu moyen. Cuire les tomates, l'oignon, le jalapeño et l'ail de 15 à 20 minutes en remuant de temps en temps. Retirer du feu. Retirer les gousses d'ail de la poêle et retirer leur peau. Remettre dans la poêle. Transvider le mélange dans le contenant du robot culinaire et réserver.
2. Dans une casserole, porter le bouillon à ébullition à feu moyen.
3. Dans le contenant du robot culinaire, ajouter environ une louche de bouillon chaud. Mélanger jusqu'à l'obtention d'une purée lisse.
4. Ajouter les tortillas dans le robot. Mélanger de nouveau jusqu'à l'obtention d'une texture lisse.
5. Transférer la préparation dans la casserole contenant le reste du bouillon. Remuer. Porter à ébullition.
6. Ajouter la pâte de tomates, les tomates en dés et le miel dans la casserole. Saler et poivrer généreusement (les tomates ont besoin de beaucoup de sel). Laisser mijoter 15 minutes à feu moyen.
7. Répartir la soupe dans les bols. Si désiré, servir avec les garnitures choisies.

Notes

Mon mari adore le poulet, alors je garnis son bol de quelques morceaux effilochés. Pour ma part, je préfère ma soupe végétarienne : elle est déjà tellement savoureuse et satisfaisante que d'ajouter des protéines n'est pas nécessaire à mon avis!

Tacos au poisson frit, salsa à l'ananas

Préparation : 20 minutes | **Réfrigération :** 30 minutes | **Cuisson :** 7 minutes | **Quantité :** 4 portions

2 filets de tilapia coupés en lanières

2 litres (8 tasses) d'huile de canola

Sel au goût

12 petites tortillas

250 ml (1 tasse) de chou rouge émincé

1 avocat coupé en tranches

Pour la salsa d'ananas :

500 ml (2 tasses) d'ananas coupé en petits dés

45 ml (3 c. à soupe) de coriandre fraîche hachée

30 ml (2 c. à soupe) d'huile d'olive

2,5 ml (½ c. à thé) de sel

1 lime (jus)

1 jalapeño épépiné et coupé en petits dés

1 poivron rouge coupé en dés

½ oignon rouge haché finement

Pour la panure :

430 ml (1 ¾ tasse) de farine de riz

1 jaune d'œuf

2,5 ml (½ c. à thé) de sel

375 ml (1 ½ tasse) de club soda

Pour la sauce à tacos :

125 ml (½ tasse) de crème sure

80 ml (⅓ de tasse) de mayonnaise

15 ml (1 c. à soupe) de jus de lime frais

10 ml (2 c. à thé) de sriracha

2,5 ml (½ c. à thé) de sel

1,25 ml (¼ de c. à thé) de paprika

Quelques zestes de lime

1. Dans un grand bol, mélanger les ingrédients de la salsa d'ananas. Laisser reposer au frais 30 minutes.

2. Préparer deux assiettes creuses. Dans la première, verser 60 ml (¼ de tasse) de farine de riz. Dans la deuxième, battre le jaune d'œuf avec le sel, le club soda et le reste de la farine de riz. Fariner les lanières de tilapia, puis les enrober de pâte.

3. Dans une friteuse ou dans une grande casserole, chauffer l'huile de canola à feu moyen jusqu'à ce qu'elle atteigne une température de 190 °C (375 °F) sur un thermomètre à cuisson. Si une casserole est utilisée, bien surveiller la cuisson pour éviter que l'huile ne surchauffe et ne s'enflamme. Faire frire les lanières de tilapia 5 minutes, jusqu'à ce qu'elles soient dorées et croustillantes. Déposer sur une grille en plaçant une plaque de cuisson en dessous, puis saler.

4. Dans un bol, mélanger les ingrédients de la sauce à tacos. Si désiré, verser la sauce dans une bouteille à pression pour condiments. Réserver au frais.

5. Chauffer une poêle à feu moyen. Faire dorer les tortillas environ 1 minute de chaque côté. Réserver les tortillas dans un sac hermétique afin qu'elles conservent leur chaleur.

6. Au moment de servir, déposer toutes les garnitures séparément dans de petits bols de service. Garnir les tortillas des garnitures désirées et de sauce.

Notes

Cette recette est une très bonne façon de faire manger du poisson aux enfants qui n'en raffolent pas. Mon fils ne se fait pas un gros taco bien épicé, mais il adore manger le poisson frit avec une sauce tartare!

Maïs rôti avec sa mayonnaise

Préparation : 15 minutes | **Cuisson :** 15 minutes | **Quantité :** 4 portions (entrée)

4 épis de maïs épluchés

Pour la mayonnaise épicée :

125 ml (½ tasse) de beurre à température ambiante

125 ml (½ tasse) de mayonnaise

7,5 ml (½ c. à soupe) de paprika

1,25 ml (¼ de c. à thé) de piment de Cayenne

1,25 ml (¼ de c. à thé) de sel

2,5 ml (½ c. à thé) de sauce Worcestershire

80 ml (⅓ de tasse) de parmesan râpé ou de feta émiettée

½ lime (jus et zeste)

Pour la garniture :

1 oignon vert haché

1 pincée de paprika

80 ml (⅓ de tasse) de parmesan râpé ou de feta émiettée

Quelques quartiers de lime

1. Préchauffer le barbecue à puissance moyenne.
2. Sur la grille chaude du barbecue, déposer les épis de maïs. Fermer le couvercle et faire griller les épis de 12 à 15 minutes en les retournant fréquemment pour éviter qu'ils ne brûlent.
3. Dans un bol, mélanger le beurre avec la mayonnaise.
4. Ajouter le paprika, le piment de Cayenne, le sel, la sauce Worcestershire, le parmesan, le jus de lime et le zeste de lime dans le bol. Remuer.
5. À l'aide d'un pinceau, badigeonner les épis de mayonnaise épicée. Garnir d'oignon vert, de paprika et de parmesan. Servir avec les quartiers de lime.

Notes

J'ai découvert ce plat lors de notre visite à Tulum pour fêter mes 30 ans. On est tout de suite tombés en amour avec l'explosion de saveur ! J'avais tellement hâte de recréer ma propre version une fois à la maison. J'ai dû faire 15 essais avant de finalement tomber sur la recette parfaite. Pour une entrée, je suggère 1 épi par personne ; en repas principal, 3 ou 4 épis par personne. La mayonnaise peut faire pour 6 à 8 épis. J'aime autant cette recette avec de la feta qu'avec du parmesan. Par contre, on ne peut pas remplacer ces fromages par de la mozzarella, car ça change vraiment le goût !

Galettes de maïs et jalapeño avec sauce chipotle

Préparation : 20 minutes | **Cuisson :** 12 minutes | **Quantité :** 8 galettes

180 ml (¾ de tasse) de farine

7,5 ml (½ c. à soupe) de poudre à pâte

5 ml (1 c. à thé) de sel

2,5 ml (½ c. à thé) de sucre*

3 œufs

60 ml (¼ de tasse) de crème à cuisson 15 %

500 ml (2 tasses) de maïs frais ou en boîte égoutté

2 oignons verts hachés finement

½ jalapeño épépiné et coupé en petits dés

15 ml (1 c. à soupe) de coriandre fraîche hachée

30 ml (2 c. à soupe) d'huile d'arachide ou d'huile de maïs

1 avocat coupé en tranches

Sriracha au goût

Quelques quartiers de lime

Pour la sauce chipotle :

60 ml (¼ de tasse) de crème sure ou de crème fraîche

2,5 ml (½ c. à thé) de piments chipotle dans une sauce adobo (de type La Costeña) hachés

1 pincée de sel

½ lime (jus)

*Le sucre est primordial, surtout si ce n'est pas du maïs d'été qui est utilisé.

1. Dans un bol, mélanger les ingrédients de la sauce chipotle. Réserver au frais.

2. Dans un autre bol, mélanger la farine avec la poudre à pâte, le sel et le sucre. Ajouter les œufs et la crème. Remuer.

3. Ajouter les grains de maïs, les oignons verts, le jalapeño et la coriandre. Remuer.

4. À l'aide d'une cuillère à crème glacée, façonner huit galettes avec la préparation.

5. Dans une poêle, chauffer l'huile à feu moyen. Cuire les galettes de 6 à 8 minutes de chaque côté, jusqu'à ce qu'elles soient dorées.

6. Répartir les galettes dans les assiettes. Garnir de sauce chipotle, d'avocat et de sriracha. Servir avec les quartiers de lime.

Notes

Ce plat peut être servi en entrée ou pour un dîner plus léger. C'est une belle option végétarienne qui est très goûteuse. Pour la sauce, j'aime utiliser de la crème fraîche, parce qu'elle est plus onctueuse que la crème sure. Si vous ne trouvez pas de piments chipotle (habituellement en canne dans la section « Cuisine internationale » à l'épicerie), vous pouvez les remplacer par de la sriracha ou du sambal oelek sans problème. J'ai aussi fait une version de cette recette avec du guacamole, mais je préfère mettre une belle tranche d'avocat sur le dessus des galettes. J'ai aussi goûté avec la salsa d'ananas de la recette de tacos (page 164), et c'est super bon ! Il s'agit d'un plat très polyvalent : on peut facilement changer les condiments et les légumes.

Ceviche au lait de coco

Préparation : 15 minutes | **Réfrigération :** 1 heure | **Quantité :** 4 portions

400 g (environ 1 lb) de filets de tilapia coupés en petits cubes

1 petit oignon rouge haché

2 à 3 tomates épépinées et coupées en petits dés

1 jalapeño épépiné et haché*

4 grosses limes (jus)

1 boîte de lait de coco de 398 ml

15 ml (1 c. à soupe) de sel

45 ml (3 c. à soupe) de sucre

5 ml (1 c. à thé) de tabasco

2 avocats coupés en dés

Coriandre fraîche au goût

*Pour une recette plus épicée, utilisez 2 jalapeños. De plus, gardez les pépins pour encore plus de piquant!

1. Dans un bol en verre, mélanger les cubes de tilapia avec l'oignon, les tomates, le jalapeño, le jus des limes et le lait de coco. Le liquide doit recouvrir complètement le poisson.

2. Couvrir le bol d'une pellicule plastique en prenant soin que celle-ci touche à la préparation. Réfrigérer 1 heure pour un poisson semi-cuit et de 3 à 4 heures pour un poisson bien cuit.

3. Au moment de servir, ajouter le sel, le sucre et le tabasco dans le bol. Remuer.

4. Répartir le ceviche dans quatre petits bols. Garnir d'avocats et de coriandre. Servir avec des croustilles de maïs, du taro frit ou des chips de plantain.

Notes

Je n'avais jamais vraiment aimé le ceviche, jusqu'à ce que je goûte celui au lait de coco du restaurant The Real Coconut à Tulum. On a dû en manger au moins douze fois lors de notre séjour; au dîner, au souper et même en collation. Quand le poisson est frais et bien assaisonné, c'est la perfection en bouche!

Tacos au thon

Préparation : 30 minutes | **Réfrigération :** 30 minutes | **Cuisson :** 5 minutes | **Quantité :** 4 portions

16 croustilles de maïs en coupelles ou croustilles wontons

80 ml (⅓ de tasse) de feta émiettée

Pour la salsa de mangues :

2 mangues coupées en petits cubes

1 oignon rouge haché finement

60 ml (¼ de tasse) de coriandre fraîche hachée

1 jalapeño épépiné et haché

Sel au goût

30 ml (2 c. à soupe) d'huile d'olive

30 ml (2 c. à soupe) de sauce chili douce

1 lime (jus et zeste)

Pour la crème au wasabi :

125 ml (½ tasse) de crème à fouetter 35 %

30 ml (2 c. à soupe) de crème sure

10 ml (2 c. à thé) de jus de citron frais

5 ml (1 c. à thé) de sucre

5 ml (1 c. à thé) de pâte de wasabi

Pour le thon :

125 ml (½ tasse) de sauce soya

30 ml (2 c. à soupe) de mirin ou de miel

1 oignon vert haché

1 gousse d'ail hachée

2 darnes de thon frais de 150 g (⅓ de lb) chacune, coupées en petits cubes

Pour l'oignon rouge mariné :

1 oignon rouge coupé en lanières

125 ml (½ tasse) de vinaigre de vin rouge

125 ml (½ tasse) de cassonade

1. Dans un bol, mélanger les mangues avec l'oignon, la coriandre et le jalapeño. Saler. Ajouter l'huile d'olive, la sauce chili, le jus de lime et le zeste de lime. Remuer. Réfrigérer 30 minutes.

2. Dans un autre bol, fouetter les ingrédients de la crème au wasabi, jusqu'à ce que la préparation épaississe légèrement. Si désiré, verser la préparation dans une bouteille à pression pour condiments. Réserver au frais.

3. Dans un troisième bol, mélanger la sauce soya avec le mirin, l'oignon vert et l'ail. Ajouter les cubes de thon et remuer. Réserver au frais.

4. Dans une casserole, mélanger l'oignon avec le vinaigre de vin rouge et la cassonade. Porter à ébullition, puis laisser mijoter 5 minutes. Retirer du feu et laisser tiédir.

5. Au moment de servir, garnir les croustilles de maïs d'oignon rouge mariné, de thon, de feta, de salsa de mangues et de quelques traits de crème au wasabi.

Notes

Vous trouverez des croustilles wontons en forme de mini-tacos dans certains restaurants de sushis.

Salade de maïs mexicaine

Préparation : 15 minutes | **Cuisson :** 12 minutes | **Quantité :** 4 portions (entrée)

4 épis de maïs épluchés

½ jalapeño épépiné et coupé en petits morceaux

½ oignon rouge haché

2 tomates épépinées et coupées en dés

1 lime (jus et zeste)

30 ml (2 c. à soupe) d'huile d'olive

Sel et poivre au goût

125 ml (½ tasse) de feta émiettée ou de fromage *cotija*

2 avocats coupés en dés

80 ml (⅓ de tasse) de feuilles de coriandre fraîche (garder quelques feuilles pour décorer)

1 pincée de paprika

Quelques quartiers de lime

Pour la vinaigrette :

125 ml (½ tasse) de mayonnaise

60 ml (¼ de tasse) de crème sure

15 ml (1 c. à soupe) d'huile d'olive

15 ml (1 c. à soupe) de piments chipotle dans une sauce adobo (de type La Costeña)

15 ml (1 c. à soupe) de miel

5 ml (1 c. à thé) de paprika

1 gousse d'ail hachée

Sel et poivre au goût

1. Préchauffer le barbecue à puissance moyenne.

2. Sur la grille chaude du barbecue, déposer les épis de maïs. Fermer le couvercle et faire griller les épis de 12 à 15 minutes en les retournant fréquemment pour éviter qu'ils ne brûlent. Égrainer les épis.

3. Dans un saladier, mélanger les grains de maïs avec le jalapeño, l'oignon rouge, les tomates, le jus de lime et l'huile d'olive. Saler et poivrer.

4. Dans un bol, mélanger les ingrédients de la vinaigrette. Si désiré, verser la vinaigrette dans une bouteille à pression pour condiments.

5. Dans le saladier, ajouter la feta, les avocats, la coriandre et le paprika. Remuer.

6. Garnir la salade de vinaigrette, de coriandre et de zeste de lime. Servir la salade froide avec les quartiers de lime.

Notes

Le choix des produits fait toute la différence dans cette recette ! Pour la feta, j'utilise un mélange de fromage de lait de vache et de chèvre déjà émietté de type Krinos, qui est plus crémeux et moins salé que la version ordinaire, car il ressemble davantage au fromage mexicain traditionnel *cotija*, qu'il est très difficile de se procurer au Québec. Pour la vinaigrette, vous pourriez remplacer les piments chipotle par du sambal oelek ou de la sriracha, mais le chipotle donne assurément le résultat recherché, alors que le sambal oelek et la sriracha confèrent à la recette un goût plus oriental que mexicain.

Tacos de bavette et pico de gallo

Préparation : 20 minutes | **Cuisson :** 24 minutes | **Réfrigération :** 30 minutes | **Quantité :** 4 portions

15 ml (1 c. à soupe) d'huile d'olive

300 g (⅔ de lb) de bavette de bœuf

45 ml (3 c. à soupe) de sauce barbecue

3 oignons rouges émincés

125 ml (½ tasse) de vinaigre de vin rouge ou de xérès

125 ml (½ tasse) de cassonade

12 à 16 petites tortillas

1 contenant de feta de 200 g, émiettée

½ jalapeño épépiné et coupé en rondelles*

Pour le pico de gallo :

125 ml (½ tasse) de coriandre fraîche hachée

15 ml (1 c. à soupe) d'huile d'olive

3 tomates épépinées et coupées en petits dés

1 oignon haché finement

1 gousse d'ail hachée finement

1 lime (jus)

1 pincée de sucre

Sel et poivre au goût

Pour la crème d'avocat :

80 ml (⅓ de tasse) de crème sure

1 avocat

½ lime (jus)

Pour la crème sure épicée :

125 ml (½ tasse) de crème sure

15 ml (1 c. à soupe) de sriracha

*Gardez les pépins si vous aimez le côté épicé !

1. Dans une grande poêle, chauffer l'huile d'olive à feu élevé. Saisir la bavette des deux côtés. Diminuer le feu à moyen et cuire la bavette de 4 à 5 minutes de chaque côté.
2. Ajouter la sauce barbecue dans la poêle et retourner la bavette plusieurs fois pour bien l'enrober de sauce.
3. Retirer la bavette du feu et la déposer dans une assiette. Trancher finement dans le sens contraire des fibres. Réserver.
4. Dans la même poêle, mélanger les oignons rouges avec le vinaigre de vin et la cassonade. Cuire 15 minutes à feu doux-moyen en remuant de temps en temps, jusqu'à ce que les oignons soient caramélisés.
5. Dans un bol, mélanger les ingrédients du pico de gallo. Réfrigérer 30 minutes.
6. Dans le contenant du robot culinaire, déposer les ingrédients de la crème d'avocat. Mélanger jusqu'à l'obtention d'une préparation lisse. Réserver au frais.
7. Dans un autre bol, mélanger les ingrédients de la crème sure épicée. Si désiré, verser dans une bouteille à pression pour condiments. Réserver au frais.
8. Chauffer une poêle à feu moyen-élevé. Cuire les tortillas de 30 secondes à 1 minute de chaque côté, jusqu'à ce qu'elles soient dorées. Réserver dans un sac hermétique afin qu'elles conservent leur chaleur.
9. Au moment de servir, garnir les tortillas de crème d'avocat, de bœuf, de pico de gallo, de feta, de rondelles de jalapeño et de crème sure épicée.

Notes

Cette recette serait tout aussi délicieuse avec le rôti de palette de la page 116 : c'est parfait si vous en avez un restant et que vous voulez faire changement !

Churros, sauce au caramel et chocolat croquant

Préparation : 25 minutes | **Cuisson :** 25 minutes | **Quantité :** 4 portions

Notes

Petit conseil pour ceux qui font du caramel pour la première fois : il faut faire attention de ne pas le brûler, car il prendra un goût très amer. Pour les moins expérimentés, je suggère d'utiliser un caramel du commerce.

Mexicaine

2 litres (8 tasses) d'huile de canola

Quelques petits morceaux de croquants de caramel enrobés de chocolat (de type Skor)

Pour la sauce au caramel :

250 ml (1 tasse) de sucre

60 ml (¼ de tasse) d'eau

½ citron (jus)

180 ml (¾ de tasse) de crème à cuisson 35 %

5 ml (1 c. à thé) de sel

Pour la garniture :

125 ml (½ tasse) de sucre

60 ml (¼ de tasse) de cannelle

Pour la pâte à churros :

250 ml (1 tasse) d'eau

60 ml (¼ de tasse) de beurre froid coupé en cubes

5 ml (1 c. à thé) de sucre

1,25 ml (¼ de c. à thé) de sel

250 ml (1 tasse) de farine

1 œuf

2,5 ml (½ c. à thé) d'extrait de vanille

1. Préparer la sauce au caramel. Dans une casserole, chauffer le sucre avec l'eau et le jus de citron 5 minutes à feu moyen, jusqu'à l'obtention d'une couleur foncée. Ajouter la crème et le sel. Remuer. Transférer la sauce dans un bol et réserver. Dans un sac hermétique, mélanger le sucre avec la cannelle. Réserver.

2. Préparer la pâte à churros. Dans une casserole, chauffer l'eau avec le beurre, le sucre et le sel à feu moyen-élevé, jusqu'à ce que le beurre soit fondu.

3. Ajouter la farine et chauffer à feu moyen en remuant avec une spatule, jusqu'à l'obtention d'une pâte homogène. Transférer la pâte dans un autre bol et laisser tiédir 5 minutes.

4. Ajouter l'œuf et la vanille dans le bol contenant la pâte. À l'aide du batteur électrique, fouetter la préparation jusqu'à l'obtention d'une texture homogène. Dans une friteuse, chauffer l'huile de canola jusqu'à ce qu'elle atteigne une température de 190 °C (375 °F) sur un thermomètre à cuisson.

5. Remplir une poche à pâtisserie munie d'une douille cannelée de pâte. Au-dessus de la friteuse, presser la poche à pâtisserie pour faire sortir la pâte et, à l'aide de ciseaux, couper quelques cylindres de 10 cm (4 po). Faire frire quelques churros à la fois de 3 à 4 minutes, en retournant les churros à mi-cuisson. Égoutter sur du papier absorbant.

6. Déposer les churros chauds dans le sac hermétique contenant la préparation au sucre. Pour cette étape, il est important que les churros soient encore chauds afin que la préparation au sucre y adhère bien. Secouer le sac pour bien enrober les churros de préparation. Servir les churros avec la sauce au caramel et les morceaux de croquants de caramel.

Asiatique

J'adore la cuisine asiatique et ses parfums incroyables! Je me suis mise au défi de cuisiner les meilleurs Général Tao, pad thaï et crevettes croustillantes, mais aussi de réinventer légèrement quelques classiques. Vous trouverez donc dans cette section des egg rolls aux avocats, un saumon teriyaki à l'orange, une salade thaïe au lait de coco, un *drink* estival et des bouchées de wontons dessert pour impressionner vos invités!

Mojito au lait de coco

Préparation : 10 minutes | **Quantité :** 2 portions

10 à 12 feuilles de menthe fraîche

2,5 ml (½ c. à thé) de sucre

1 lime (jus)

1 lime coupée en rondelles

60 ml (¼ de tasse) de crème de noix de coco sucrée

60 ml (¼ de tasse) de lait de coco

1 oz (30 ml) de rhum blanc

1 oz (30 ml) de liqueur au rhum blanc des Caraïbes aromatisée à la noix de coco (de type Malibu)

Quelques glaçons

Club soda ou eau gazéifiée (de type Perrier)

1. Dans un *shaker*, déposer les feuilles de menthe, le sucre, le jus de lime et les rondelles de lime. À l'aide d'un pilon à cocktail, presser pour extraire toutes les saveurs des ingrédients.

2. Ajouter la crème de noix de coco, le lait de coco, le rhum blanc et la liqueur au rhum. Secouer vigoureusement.

3. Dans deux verres, déposer quelques glaçons. Répartir le mojito dans les verres.

4. Remplir les verres avec le club soda.

Notes

J'ai découvert la crème de noix de coco un peu par erreur : en me pratiquant pour mes cocktails, j'ai acheté de la crème de noix de coco plutôt que du lait de coco sans m'en rendre compte. Je trouvais le cocktail si bon, onctueux et crémeux ! Lorsque je l'ai refait avec du lait de coco, j'ai remarqué une énorme différence en termes de douceur et de texture. Parfois, nos petites erreurs nous font découvrir des choses extraordinaires !

Crevettes croustillantes

Préparation : 20 minutes | **Cuisson :** 3 minutes | **Quantité :** 4 portions

454 g (1 lb) de crevettes moyennes (calibre 51/60) décortiquées et déveinées

2 litres (8 tasses) d'huile de canola

Sel au goût

6 tiges de ciboulette hachées finement

1 lime (zeste)

Pour la sauce :

125 ml (½ tasse) de mayonnaise

80 ml (⅓ de tasse) de sauce au chili sucrée (de type Thai Kitchen)

15 ml (1 c. à soupe) de sriracha

5 ml (1 c. à thé) de vinaigre de riz

Pour la pâte tempura :

750 ml (3 tasses) de farine de riz

Sel et poivre au goût

2 jaunes d'œufs

500 ml (2 tasses) de club soda

1. Dans un bol, mélanger les ingrédients de la sauce. Réserver au frais.

2. Préparer deux assiettes creuses. Dans la première, verser 250 ml (1 tasse) de farine de riz. Saler et poivrer. Dans la deuxième, battre les jaunes d'œufs avec le club soda. Ajouter le reste de la farine dans la deuxième assiette et remuer. Fariner les crevettes, puis les enrober de pâte.

3. Dans une friteuse ou dans une grande casserole, chauffer l'huile de canola jusqu'à ce qu'elle atteigne une température de 190 °C (375 °F) sur un thermomètre à cuisson. Si une casserole est utilisée, bien surveiller la cuisson pour éviter que l'huile ne surchauffe et ne s'enflamme. Faire frire les crevettes de 3 à 4 minutes, jusqu'à ce qu'elles soient dorées et croustillantes. Assécher sur du papier absorbant et saler.

4. Dans un grand bol, mélanger les crevettes avec les trois quarts de la sauce.

5. Dans le bol contenant le reste de la sauce, ajouter la ciboulette et le zeste de lime. Remuer.

6. Servir les crevettes avec la sauce.

Notes

Il est aussi possible de faire cette recette avec une des panures de la recette de poulet Général Tao (page 192).

Egg rolls aux avocats et duo de sauces

Préparation : 20 minutes | **Cuisson :** 21 minutes | **Quantité :** 16 egg rolls

Asiatique

6 à 8 tranches de bacon

15 ml (1 c. à soupe) d'huile d'olive

Sel et poivre au goût

2 poitrines de poulet sans peau

2 avocats tranchés

1 lime (jus)

2 tomates

16 feuilles de pâte pour pâtés impériaux

250 ml (1 tasse) de cheddar marbré râpé ou de mozzarella râpée

2 litres (8 tasses) d'huile de canola

Pour la sauce piquante :

60 ml (¼ de tasse) de sriracha

30 ml (2 c. à soupe) de sucre

15 ml (1 c. à soupe) de vinaigre blanc

5 ml (1 c. à thé) d'huile de sésame

Pour la sauce ranch :

60 ml (¼ de tasse) de vinaigrette ranch

60 ml (¼ de tasse) de mayonnaise

30 ml (2 c. à soupe) de sauce au piment de Cayenne (de type Frank's Red Hot)

1. Préchauffer le four à 205 °C (400 °F). Dans un bol, mélanger les ingrédients de la sauce piquante. Dans un autre bol, mélanger les ingrédients de la sauce ranch. Réserver les sauces au frais.

2. Sur une plaque de cuisson tapissée de papier parchemin, déposer les tranches de bacon. Cuire au four de 18 à 20 minutes, jusqu'à ce que le bacon soit croustillant. Assécher le bacon sur du papier absorbant. Émietter le bacon. Dans une poêle, chauffer l'huile d'olive à feu moyen. Saler et poivrer les poitrines de poulet. Cuire les poitrines de 6 à 7 minutes de chaque côté, jusqu'à ce que l'intérieur de la chair du poulet ait perdu sa teinte rosée. Retirer du feu et couper le poulet en petits dés.

3. Dans un petit bol, mélanger les avocats avec le jus de lime. Épépiner les tomates, puis les couper en dés. Au centre de chaque feuille de pâte, déposer un peu d'avocats, de tomates, de poulet et de fromage râpé. À l'aide d'un pinceau, badigeonner les côtés des feuilles de pâte avec de l'eau. Replier la partie inférieure de la feuille sur la garniture. Sceller avec l'autre partie de la feuille.

4. Dans une friteuse ou dans une grande casserole, chauffer l'huile de canola jusqu'à ce qu'elle atteigne une température de 190 °C (375 °F) sur un thermomètre à cuisson. Cuire quelques egg rolls à la fois de 3 à 4 minutes en les retournant à mi-cuisson, jusqu'à ce qu'ils soient dorés et croustillants. Assécher sur du papier absorbant. Couper les egg rolls en diagonale. Servir avec les deux sauces.

Pad thaï sauce aux arachides

Préparation : 20 minutes | **Cuisson :** 7 minutes | **Quantité :** 4 portions

4 nids de nouilles asiatiques

15 ml (1 c. à soupe) d'huile de canola

250 ml (1 tasse) de carottes coupées en julienne

250 ml (1 tasse) de courgettes coupées en julienne

250 ml (1 tasse) de poivrons rouges coupés en lanières

1 gousse d'ail hachée

Pour la sauce aux arachides :

10 ml (2 c. à thé) d'huile de sésame

10 ml (2 c. à thé) de gingembre haché

1 gousse d'ail hachée

250 ml (1 tasse) de beurre d'arachide croquant

250 ml (1 tasse) de lait de coco

45 ml (3 c. à soupe) de miel

45 ml (3 c. à soupe) de sauce au chili sucrée (de type Thai Kitchen)

30 ml (2 c. à soupe) de vinaigre de riz

15 ml (1 c. à soupe) de sauce soya

10 ml (2 c. à thé) de sauce de poisson

7,5 ml (½ c. à soupe) de sambal oelek ou de sriracha

2,5 ml (½ c. à thé) de sel

Pour garnir :

125 ml (½ tasse) d'arachides grillées

1 oignon vert haché finement

Quelques feuilles de coriandre fraîche

1. Cuire les nouilles selon les indications de l'emballage. Égoutter.

2. Dans une casserole, chauffer l'huile de sésame à feu moyen. Cuire le gingembre et l'ail 1 minute.

3. Ajouter le reste des ingrédients de la sauce et remuer. Porter à ébullition. Retirer du feu et réserver.

4. Dans une grande poêle ou dans un wok, chauffer l'huile de canola à feu moyen. Cuire les carottes de 3 à 4 minutes.

5. Ajouter les courgettes, les poivrons et l'ail dans la poêle. Cuire de 2 à 3 minutes.

6. Ajouter les nouilles et la sauce. Remuer. Poursuivre la cuisson 1 minute.

7. Dans quatre assiettes, répartir le pad thaï. Garnir d'arachides, d'oignon vert et de coriandre.

Notes

Parfois, j'ajoute des protéines à mon pad thaï, soit des crevettes ou du poulet. Allez-y selon vos préférences !

Salade thaïe, vinaigrette au lait de coco et arachides

Préparation : 25 minutes | **Marinage :** 20 minutes | **Cuisson :** 19 minutes | **Quantité :** 4 portions

1 concombre coupé en fines rondelles

15 ml (1 c. à soupe) d'huile de canola

2 poitrines de poulet sans peau

1 contenant de mélange de laitues printanier de 312 g

2 mangues coupées en fines tranches

500 ml (2 tasses) de chou rouge émincé

250 ml (1 tasse) de nouilles frites à la vapeur (de type Farkay)

125 ml (½ tasse) de feuilles de coriandre fraîche

125 ml (½ tasse) d'arachides hachées

1 lime coupée en quartiers

Pour la marinade :

125 ml (½ tasse) de vinaigre de riz

45 ml (3 c. à soupe) de sucre

5 ml (1 c. à thé) de graines de sésame

1 pincée de flocons de piment

Pour la vinaigrette :

250 ml (1 tasse) de lait de coco

250 ml (1 tasse) de beurre d'arachide crémeux

125 ml (½ tasse) d'huile d'olive

60 ml (¼ de tasse) de miel

45 ml (3 c. à soupe) de sauce soya

30 ml (2 c. à soupe) de vinaigre de riz

15 ml (1 c. à soupe) d'huile de sésame

7,5 ml (½ c. à soupe) de sambal oelek ou de sriracha

5 ml (1 c. à thé) de sel

2 limes (jus)

1. Préchauffer le four à 180 °C (350 °F).
2. Dans un bol, mélanger les ingrédients de la marinade. Ajouter le concombre et remuer. Laisser mariner au moins 20 minutes au frais.
3. Dans une poêle, chauffer l'huile de canola à feu moyen. Faire dorer les poitrines de poulet de 2 à 3 minutes de chaque côté. Transférer le poulet sur une plaque de cuisson tapissée de papier parchemin. Poursuivre la cuisson au four 15 minutes, jusqu'à ce que l'intérieur de la chair du poulet ait perdu sa teinte rosée. Retirer le poulet du four, puis le trancher.
4. Dans le contenant du mélangeur électrique, déposer les ingrédients de la vinaigrette. Mélanger jusqu'à l'obtention d'une texture lisse.
5. Dans un saladier, mélanger la laitue avec un peu de vinaigrette.
6. Égoutter le concombre. Pour une salade plus acidulée, conserver la marinade et en ajouter au goût au moment de servir.
7. Répartir la laitue dans les bols. Garnir de concombre, de poulet, de mangues, de chou rouge, de nouilles frites, de coriandre et d'arachides. Garnir de la vinaigrette restante. Servir avec les quartiers de lime.

Poulet Général Tao

Préparation : 25 minutes | **Cuisson :** 21 minutes | **Quantité :** 4 portions

450 g (1 lb) de poitrines de poulet sans peau coupées en cubes

2 litres (8 tasses) d'huile de canola

Graines de sésame au goût (facultatif)

Oignon vert haché au goût (facultatif)

Pour la sauce :

250 ml (1 tasse) de sucre

80 ml (⅓ de tasse) de sauce soya

80 ml (⅓ de tasse) de vinaigre de riz

25 ml (5 c. à thé) de fécule de maïs

5 ml (1 c. à thé) de sambal oelek

5 ml (1 c. à thé) d'huile de sésame

5 ml (1 c. à thé) de gingembre haché

1 gousse d'ail hachée

1 pincée de sel

Pour la panure :

2 œufs

250 ml (1 tasse) d'eau

250 ml (1 tasse) de farine

30 ml (2 c. à soupe) de fécule de maïs

15 ml (1 c. à soupe) de poudre à pâte

2,5 ml (½ c. à thé) de sel

2,5 ml (½ c. à thé) de sel d'ail

1,25 ml (¼ de c. à thé) de poivre blanc moulu

1. Préparer la sauce. Dans une petite casserole, porter le sucre et 60 ml (¼ de tasse) d'eau à ébullition à feu moyen. Cuire de 8 à 12 minutes, en s'assurant de ne pas remuer pour éviter que des cristaux se forment, jusqu'à ce que le sucre commence à brunir.

2. Dans un bol, mélanger le reste des ingrédients de la sauce avec 90 ml (6 c. à soupe) d'eau. Ajouter dans la casserole et remuer. Porter à ébullition, puis cuire à feu moyen 5 minutes, jusqu'à ce que la sauce épaississe.

3. Dans un autre bol, fouetter les œufs. Ajouter le reste des ingrédients de la panure et remuer.

4. Tremper les cubes de poulet dans la panure.

5. Dans une friteuse ou dans une grande casserole, chauffer l'huile de canola jusqu'à ce qu'elle atteigne une température de 190 °C (375 °F) sur un thermomètre à cuisson. Si une casserole est utilisée, bien surveiller la cuisson pour éviter que l'huile ne surchauffe et ne s'enflamme. Cuire quelques cubes de poulet à la fois de 4 à 5 minutes, jusqu'à ce qu'ils soient dorés et croustillants. Transférer le poulet sur une grille en plaçant une plaque de cuisson en dessous.

6. Cuire les cubes de poulet à nouveau de 4 à 5 minutes dans l'huile. Retirer de la friteuse et redéposer sur la grille pour laisser l'excédent d'huile s'écouler.

7. Dans un grand bol, déposer les cubes de poulet. Verser quelques louches de sauce et remuer. Ajouter de la sauce au besoin, selon la texture désirée.

8. Si désiré, garnir le poulet de graines de sésame et d'oignon vert. Servir avec du riz et des légumes grillés.

Notes

Parfois, j'aime aussi préparer une panure style poulet frit plus croustillante. Pour ce faire, préparer deux assiettes creuses. Dans la première, fouetter 1 blanc d'œuf. Lorsqu'il commence à mousser, ajouter 30 ml (2 c. à soupe) de sauce soya, 30 ml (2 c. à soupe) de vodka et 30 ml (2 c. à soupe) de vinaigre de xérès. Dans la deuxième assiette, verser la moitié de la préparation à la sauce soya, puis ajouter 45 ml (3 c. à soupe) de fécule de maïs et 1,25 ml (¼ de c. à thé) de bicarbonate de soude. Ajouter 450 g (1 lb) de poitrines de poulet sans peau coupées en cubes et remuer. Couvrir et réserver les deux préparations quelques heures au réfrigérateur. Au moment de préparer la recette, mélanger 125 ml (½ tasse) de fécule de maïs avec 125 ml (½ tasse) de farine, 2,5 ml (½ c. à thé) de poudre à pâte et 1 pincée de sel dans une troisième assiette creuse. Ajouter la préparation contenue dans la première assiette et remuer. Retirer les cubes de poulet de la deuxième assiette et les tremper dans la panure contenue dans la troisième assiette. Suivre les étapes 5 à 8 de la recette ci-dessus.

Saumon teriyaki et nouilles asiatiques

Préparation : 25 minutes | **Marinage :** 30 minutes | **Cuisson :** 25 minutes | **Quantité :** 4 portions

4 filets de saumon de 200 g (environ ½ lb) chacun, la peau enlevée

30 ml (2 c. à soupe) d'huile d'olive

Graines de sésame au goût (facultatif)

Pour la marinade :

60 ml (¼ de tasse) de sauce soya

45 ml (3 c. à soupe) de miel

45 ml (3 c. à soupe) de cassonade

15 ml (1 c. à soupe) d'huile de sésame

15 ml (1 c. à soupe) d'huile d'olive

1,25 ml (¼ de c. à thé) de gingembre haché

2 gousses d'ail hachées

Pour la sauce teriyaki :

15 ml (1 c. à soupe) d'huile d'olive

5 ml (1 c. à thé) d'huile de sésame

1 gousse d'ail hachée

5 ml (1 c. à thé) de gingembre haché

60 ml (¼ de tasse) de cassonade

250 ml (1 tasse) de sauce soya

90 ml (6 c. à soupe) de marmelade d'orange

250 ml (1 tasse) de jus d'orange

1 lime (jus)

2,5 ml (½ c. à thé) de sambal oelek*

250 ml (1 tasse) de sucre

125 ml (½ tasse) d'eau

45 ml (3 c. à soupe) de fécule de maïs

*Si vous ne mangez pas épicé, ne mettez pas de sambal oelek.

1. Dans un sac hermétique, déposer les ingrédients de la marinade. Secouer. Ajouter les filets de saumon dans le sac et secouer pour bien les enrober de marinade. Sceller le sac et laisser mariner de 30 minutes à 1 heure au frais.

2. Pendant ce temps, préparer la sauce. Chauffer l'huile d'olive et l'huile de sésame à feu moyen dans une poêle. Cuire l'ail et le gingembre de 1 à 2 minutes.

3. Ajouter la cassonade et cuire 2 minutes.

4. Ajouter la sauce soya, la marmelade d'orange, le jus d'orange, le jus de lime et le sambal oelek. Remuer. Retirer du feu.

5. Dans une casserole, porter le sucre et l'eau à ébullition à feu moyen. Cuire de 8 à 12 minutes, en s'assurant de ne pas remuer pour éviter que des cristaux se forment, jusqu'à ce que le sucre commence à brunir.

6. Retirer la casserole du feu, puis y ajouter la préparation à la marmelade. À l'aide d'un fouet, mélanger jusqu'à ce le sucre soit complètement fondu.

7. Remettre la casserole sur le feu et cuire de 4 à 5 minutes à feu moyen.

8. Dans un petit bol, mélanger la fécule de maïs avec un peu de sauce teriyaki jusqu'à l'obtention d'une pâte lisse. Ajouter dans la casserole et remuer. Porter à ébullition, puis cuire de 3 à 4 minutes, jusqu'à ce que la sauce ait épaissi.

9. Réserver 125 ml (½ tasse) de sauce teriyaki pour l'accompagnement de nouilles asiatiques ci-dessous.

10. Égoutter le saumon et jeter la marinade.

11. Dans une autre poêle, chauffer l'huile d'olive à feu moyen. Cuire les filets de saumon de 7 à 10 minutes, en les retournant à mi-cuisson.

12. Répartir les filets de saumon dans les assiettes. Garnir de la sauce restante et, si désiré, de graines de sésame. Servir avec des légumes ou des nouilles asiatiques (voir recette ci-dessous).

Pour accompagner

Nouilles asiatiques

Dans une casserole d'eau bouillante salée, cuire 4 nids de nouilles asiatiques selon les indications de l'emballage. Égoutter. Dans une autre casserole d'eau bouillante salée, cuire 250 ml (1 tasse) d'edamames décortiqués surgelés et 250 ml (1 tasse) de pois sucrés 5 minutes. Égoutter. Remettre les nouilles dans la casserole. Ajouter les edamames, les pois sucrés, 125 ml (½ tasse) de sauce teriyaki réservée à l'étape 9 de la recette ci-dessus, 125 ml (½ tasse) de beurre d'arachide croquant et, si désiré, 5 ml (1 c. à thé) de sambal oelek. Remuer.

Lettuce wraps avec haricots tempura et mayo épicée

Préparation : 25 minutes | **Cuisson :** 20 minutes | **Quantité :** 4 portions

1 laitue iceberg

Oignons verts hachés au goût (facultatif)

Pour la farce :

2 poitrines de poulet sans peau

45 ml (3 c. à soupe) d'huile d'arachide

1 oignon

2 boîtes de châtaignes d'eau tranchées de 227 g chacune, égouttées

2 boîtes de pousses de bambou tranchées de 199 ml chacune, égouttées

5 ml (1 c. à thé) de gingembre haché

2 gousses d'ail hachées

2 oignons verts hachés

30 ml (2 c. à soupe) d'huile de sésame

125 ml (½ tasse) de sauce soya

125 ml (½ tasse) de miel

15 ml (1 c. à soupe) de vinaigre de riz

5 ml (1 c. à thé) de sambal oelek

30 ml (2 c. à soupe) de sauce au chili sucrée (de type Thai Kitchen)

Pour les haricots tempura :

500 ml (2 tasses) de farine

Sel et poivre au goût

2,5 ml (½ c. à thé) de poudre à pâte

250 ml (1 tasse) de bière

30 ml (2 c. à soupe) d'eau très froide

500 ml (2 tasses) de haricots verts

2 litres (8 tasses) d'huile de canola

Pour la sauce :

80 ml (⅓ de tasse) de sauce soya

60 ml (¼ de tasse) de miel

45 ml (3 c. à soupe) de moutarde de Dijon

30 ml (2 c. à soupe) de mirin

2,5 ml (½ c. à thé) de sambal oelek

Pour la mayonnaise épicée :

125 ml (½ tasse) de mayonnaise

15 ml (1 c. à soupe) de sambal oelek

1. Couper le poulet en petits cubes.
2. Dans une poêle, chauffer 30 ml (2 c. à soupe) d'huile d'arachide à feu moyen. Cuire les cubes de poulet de 5 à 7 minutes, jusqu'à ce que l'intérieur de la chair du poulet ait perdu sa teinte rosée. Réserver dans une assiette.
3. Couper l'oignon, les châtaignes d'eau et les pousses de bambou en petits morceaux.
4. Dans la même poêle, chauffer le reste de l'huile d'arachide à feu moyen. Cuire l'oignon, les châtaignes d'eau et les pousses de bambou de 6 à 8 minutes.
5. Ajouter le gingembre et l'ail. Cuire 2 minutes.
6. Ajouter le poulet, les oignons verts, l'huile de sésame, la sauce soya, le miel, le vinaigre de riz, le sambal oelek et la sauce au chili sucrée. Remuer. Cuire de 5 à 6 minutes, jusqu'à ce que le liquide ait presque complètement réduit.
7. Préparer les haricots tempura. Dans une assiette creuse, verser la moitié de la farine. Saler et poivrer. Dans une autre assiette creuse, fouetter le reste de la farine avec la poudre à pâte, la bière et l'eau froide. Fariner les haricots verts, puis les enrober de panure à la bière.
8. Dans une friteuse ou dans une grande casserole, chauffer l'huile de canola jusqu'à ce qu'elle atteigne une température de 190 °C (375 °F) sur un thermomètre à cuisson. Si une casserole est utilisée, bien surveiller la cuisson pour éviter que l'huile ne surchauffe et ne s'enflamme. Faire frire les haricots verts de 2 à 3 minutes, jusqu'à ce qu'ils soient dorés et croustillants. Déposer sur une grille en déposant une plaque en dessous. Saler.
9. Dans un bol, mélanger les ingrédients de la sauce.
10. Dans un autre bol, mélanger les ingrédients de la mayonnaise épicée.
11. Couper la base de la laitue afin que les feuilles s'en détachent. Garnir les feuilles de laitue de préparation au poulet et de sauce. Si désiré, garnir d'oignons verts. Servir avec les haricots tempura et la mayonnaise épicée.

Notes

On a goûté pour la première fois aux *lettuce wraps* au P.F. Chang's à West Palm Beach. Mes parents passent la moitié de l'année là-bas, donc on en profite pour aller les voir de temps en temps. Depuis qu'on a essayé cette recette, j'ai dû la refaire au moins 100 fois. On l'adore!

Salade chinoise au poulet et wontons croustillants

Préparation : 25 minutes | **Cuisson :** 19 minutes | **Quantité :** 4 portions

30 ml (2 c. à soupe) d'huile d'olive

3 poitrines de poulet sans peau

30 ml (2 c. à soupe) de graines de sésame

6 oranges

1 litre (4 tasses) de mélange de laitues printanier

750 ml (3 tasses) de chou rouge émincé finement

4 carottes coupées en julienne

2 poivrons rouges coupés en julienne

250 ml (1 tasse) de bandes de wontons frits

3 oignons verts hachés

Pour la vinaigrette :

125 ml (½ tasse) d'huile d'olive

125 ml (½ tasse) de vinaigre de riz

60 ml (¼ de tasse) de sauce hoisin

60 ml (¼ de tasse) de sauce soya

60 ml (¼ de tasse) de cassonade

30 ml (2 c. à soupe) de miel

2,5 ml (½ c. à thé) de gingembre haché

2 gousses d'ail hachées

1. Préchauffer le four à 180 °C (350 °F).
2. Dans une poêle, chauffer l'huile d'olive à feu moyen. Faire dorer les poitrines de poulet de 2 à 3 minutes de chaque côté.
3. Sur une plaque de cuisson tapissée de papier parchemin, déposer les poitrines de poulet. Cuire au four 15 minutes, jusqu'à ce que l'intérieur de la chair du poulet ait perdu sa teinte rosée. Quelques secondes avant la fin de la cuisson, garnir les poitrines de 15 ml (1 c. à soupe) de graines de sésame. Retirer le poulet du four, puis le couper en tranches.
4. Prélever les suprêmes des oranges en coupant d'abord l'écorce à vif, puis en tranchant de chaque côté des membranes.
5. Dans un bol, mélanger les ingrédients de la vinaigrette.
6. Dans quatre assiettes, répartir le mélange de laitue, le chou, les carottes, les poivrons, les bandes de wontons, le poulet et les suprêmes d'oranges. Garnir d'oignons verts, de vinaigrette et des graines de sésame restantes.

Notes

J'adore le croustillant de cette salade. J'aime y mettre beaucoup de chou. Tellement, que parfois, je fais cette recette sans le mélange de laitues printanier !

Morue en papillote avec sa sauce au lait de coco

Préparation : 20 minutes | **Cuisson :** 17 minutes | **Quantité :** 4 portions

4 filets de morue de 150 g (⅓ de lb) chacun

60 ml (¼ de tasse) d'huile d'olive

1 orange coupée en quartiers

Sel et poivre au goût

Pour la sauce au lait de coco :

15 ml (1 c. à soupe) d'huile de noix de coco

2 gousses d'ail coupées en deux

1 tige de citronnelle coupée en quatre

20 ml (4 c. à thé) de pâte de cari rouge

45 ml (3 c. à soupe) de cassonade

1 boîte de lait de coco de 398 ml

15 ml (1 c. à soupe) de sauce de poisson

45 ml (3 c. à soupe) de sauce au chili sucrée (de type Thai Kitchen)

½ lime (jus et zeste)

Notes

Vous pouvez servir la morue avec des bok choys rôtis ou d'autres légumes au choix. Un riz basmati avec des oignons verts serait aussi délicieux!

1. Dans une grande poêle ou dans un wok, chauffer l'huile de noix de coco à feu moyen. Faire revenir l'ail et la citronnelle de 1 à 2 minutes. Ajouter la pâte de cari et cuire 2 minutes. Ajouter la cassonade et cuire 1 minute.

2. Ajouter le lait de coco, la sauce de poisson, la sauce au chili sucrée, le jus et le zeste de lime. Remuer. Laisser mijoter de 5 à 10 minutes. Retirer l'ail et la citronnelle de la poêle.

3. Badigeonner quatre feuilles de papier parchemin d'huile d'olive. Au centre des feuilles, déposer les filets de morue.

4. Garnir les filets de morue de quartiers d'orange. Saler et poivrer.

5. Replier les feuilles de manière à former des papillotes hermétiques.

6. Déposer les papillotes sur une plaque de cuisson. Cuire au four de 8 à 10 minutes. Au moment de servir, répartir les filets de morue dans des assiettes creuses, puis napper de la sauce au lait de coco.

Wontons dessert frits

Préparation : 15 minutes | **Cuisson :** 15 minutes | **Quantité :** 24 wontons frits

1 contenant de fromage à la crème de 250 g à température ambiante

60 ml (¼ de tasse) de beurre ramolli

2,5 ml (½ c. à thé) d'extrait de vanille

125 ml (½ tasse) de sucre à glacer

24 feuilles de pâtes pour pâtés impériaux

120 g (environ ¼ de lb) de chocolat au lait coupé en douze carrés

1 banane coupée en douze rondelles

2 litres (8 tasses) d'huile de canola

Pour décorer :

15 ml (1 c. à soupe) de sucre à glacer

1. Dans le contenant du mélangeur électrique, déposer le fromage à la crème et le beurre. Mélanger jusqu'à l'obtention d'une préparation homogène. Ajouter la vanille et le sucre à glacer. Mélanger de nouveau.
2. Au centre de la moitié des feuilles de pâte, déposer 15 ml (1 c. à soupe) de préparation au fromage à la crème.
3. Au centre de l'autre moitié des feuilles de pâte, déposer un carré de chocolat et une rondelle de banane.
4. À l'aide d'un pinceau, humidifier les côtés des feuilles de pâte avec un peu d'eau. Rabattre la pointe du haut sur la garniture, puis rabattre les deux côtés par-dessus. Rabattre la pointe du bas pour sceller le wonton.
5. Dans une friteuse ou dans une grande casserole, chauffer l'huile de canola jusqu'à ce qu'elle atteigne une température de 190 °C (375 °F) sur un thermomètre à cuisson. Si une casserole est utilisée, bien surveiller la cuisson pour éviter que l'huile ne surchauffe et ne s'enflamme. Cuire les wontons de 3 à 4 minutes en les retournant à mi-cuisson, jusqu'à ce qu'ils soient dorés et croustillants. Transférer sur une planche à découper.
6. Couper les wontons en deux et saupoudrer de sucre à glacer.

Mason approved

C'est simple : quand mon fils Mason en redemande, c'est signe que ma recette est VRAIMENT réussie ! J'ai donc rassemblé ici des recettes salées ou sucrées qui passent le test selon mon petit gourmand. Des arancinis au fromage, un *mac'n cheese* décadent, des œufs farcis simples et chics, des biscuits au sucre qui se préparent en un rien de temps, un poêlon de *s'mores* à partager en famille, des guimauves maison… Bref, voici des délices qui font le bonheur de toute ma famille !

Crêpes farcies au fromage à la crème et framboises

Préparation : 10 minutes | **Réfrigération :** 30 minutes | **Cuisson :** 40 minutes | **Quantité :** 20 crêpes de 18 cm (7 po)

60 ml (¼ de tasse) de beurre

Sucre à glacer au goût (pour décorer)

Pour la pâte à crêpes :

60 ml (¼ de tasse) de beurre

500 ml (2 tasses) de lait

3 œufs

500 ml (2 tasses) de farine

80 ml (⅓ de tasse) de sucre

1 pincée de sel

Pour la garniture :

250 ml (1 tasse) de fromage à la crème à température ambiante

125 ml (½ tasse) de sucre à glacer

250 ml (1 tasse) de framboises

1. Faire fondre le beurre pour la pâte à crêpes au micro-ondes de 30 secondes à 1 minute.

2. Dans le contenant du mélangeur électrique, verser le lait, les œufs, la farine, le sucre, le beurre fondu et le sel. Mélanger jusqu'à l'obtention d'une préparation lisse et homogène. Réfrigérer 30 minutes.

3. Pendant ce temps, mélanger le fromage à la crème avec le sucre à glacer à l'aide du batteur électrique dans un bol, jusqu'à l'obtention d'une texture homogène. Ajouter les framboises et mélanger délicatement à l'aide d'une cuillère en bois afin de conserver de gros morceaux de framboises.

4. Dans une poêle antiadhésive de 18 cm (7 po), faire fondre un peu de beurre à feu doux-moyen. Verser environ 60 ml (¼ de tasse) de pâte en inclinant la poêle dans tous les sens afin d'en couvrir le fond. Cuire 1 minute, jusqu'à ce que les rebords de la crêpe soient colorés. Retourner la crêpe et cuire 30 secondes. Répéter avec le reste de la pâte à crêpes.

5. Garnir les crêpes de préparation au fromage à la crème, puis rouler.

6. Au moment de servir, saupoudrer de sucre à glacer.

Arancinis

Préparation : 20 minutes | **Cuisson :** 25 minutes | **Réfrigération :** 15 minutes | **Quantité :** de 10 à 12 arancinis

625 ml (2 ½ tasses) de bouillon de légumes

30 ml (2 c. à soupe) d'huile d'olive

1 oignon émincé ou 1 échalote sèche (française) émincée

1 gousse d'ail hachée

250 ml (1 tasse) de riz arborio

125 ml (½ tasse) de parmesan râpé

60 ml (¼ de tasse) de crème à cuisson 15 %

60 ml (¼ de tasse) de mascarpone

2,5 ml (½ c. à thé) de sel

1 œuf

10 à 12 cubes de fromage au choix de 1 cm (½ po)

2 litres (8 tasses) d'huile de canola

Sel au goût

Pour la mayonnaise au safran :

10 ml (2 c. à thé) de pistils de safran

125 ml (½ tasse) de mayonnaise

30 ml (2 c. à soupe) de mascarpone

2,5 ml (½ c. à thé) de sambal oelek

1 pincée de poudre de cari

Pour la panure :

125 ml (½ tasse) de farine

Sel et poivre au goût

2 œufs

500 ml (2 tasses) de chapelure panko

1. Dans une casserole, porter le bouillon de légumes à ébullition. Réduire l'intensité du feu et maintenir le liquide frémissant (il doit rester chaud tout au long de la préparation).

2. Dans une autre casserole, chauffer l'huile d'olive à feu moyen. Faire revenir l'oignon et l'ail 2 minutes.

3. Ajouter le riz et faire revenir jusqu'à ce qu'il devienne translucide.

4. Ajouter une louche de bouillon chaud et cuire en remuant constamment à l'aide d'une cuillère en bois, jusqu'à ce que le liquide soit complètement absorbé.

5. Répéter cette opération en ajoutant une louche de bouillon à la fois et en remuant constamment, jusqu'à ce qu'il n'y ait plus de bouillon. Lorsque le riz est tendre, la cuisson est terminée. Il devrait être *al dente*.

6. Ajouter le parmesan, la crème et le mascarpone. Mélanger. Réfrigérer de 15 à 30 minutes. Ajouter l'œuf et remuer.

7. Pendant ce temps, déposer les pistils de safran et 15 ml (1 c. à soupe) d'eau très chaude dans un bol. Laisser reposer 10 minutes.

8. Ajouter le reste des ingrédients de la mayonnaise dans le bol et remuer. Réserver au frais.

9. Façonner de dix à douze boules avec la préparation au riz. Insérer un cube de fromage dans chacune d'elles. Façonner de nouveau des boules.

10. Préparer trois assiettes creuses. Dans la première, verser la farine. Saler et poivrer. Dans la deuxième, battre les œufs. Dans la troisième, déposer la chapelure panko. Saler et poivrer. Fariner les arancinis, les tremper dans les œufs battus, puis les enrober de chapelure.

11. Dans une friteuse ou dans une grande casserole, chauffer l'huile de canola jusqu'à ce qu'elle atteigne une température de 190 °C (375 °F). Si une casserole est utilisée, bien surveiller la cuisson pour éviter que l'huile ne surchauffe et ne s'enflamme. Faire frire les arancinis environ 5 minutes, jusqu'à ce qu'ils soient bien dorés. Égoutter sur du papier absorbant. Saler.

12. Servir les arancinis chauds avec la mayonnaise au safran.

Notes

On peut aussi servir les arancinis avec une sauce tomate, ou même seuls, comme Mason les aime.

Poulet popcorn, sauce barbecue au miel

Préparation : 15 minutes | **Cuisson :** 20 minutes | **Quantité :** 4 portions

1 litre (4 tasses) de céréales de flocons de maïs grillés (de type Corn Flakes)

5 ml (1 c. à thé) de sel

5 ml (1 c. à thé) de paprika

250 ml (1 tasse) de farine

2 œufs

60 ml (¼ de tasse) de lait

2 poitrines de poulet sans peau coupées en petits cubes

250 ml (1 tasse)
de votre sauce barbecue préférée

125 ml (½ tasse) de miel

80 ml (⅓ de tasse) de ketchup

Sel au goût

1. Préchauffer le four à 205 °C (400 °F).
2. Déposer les céréales dans un sac hermétique et sceller le sac. À l'aide d'un rouleau à pâte, réduire les céréales en miettes. Ajouter le sel et le paprika. Secouer. Réserver.
3. Préparer deux assiettes creuses. Dans la première, verser la farine. Dans la deuxième, battre les œufs avec le lait. Fariner les cubes de poulet, les tremper dans la préparation aux œufs, puis les déposer dans le sac hermétique contenant le mélange de chapelure. Bien secouer.
4. Sur une plaque de cuisson tapissée de papier parchemin, déposer les cubes de poulet. Cuire au four de 20 à 25 minutes, en retournant les cubes de poulet à mi-cuisson et en les arrosant d'un filet d'huile d'olive vers la fin de la cuisson afin qu'ils deviennent extra-croustillants. Cuire jusqu'à ce que l'intérieur de la chair du poulet ait perdu sa teinte rosée et que les cubes soient dorés.
5. Pendant ce temps, réchauffer la sauce barbecue avec le miel et le ketchup dans une casserole. Saler.
6. Transférer les morceaux de poulet dans un bol.
7. Verser la sauce dans le bol et mélanger. Servir immédiatement.

Notes

J'ajoute la sauce à la dernière minute pour être certaine de garder le poulet bien croustillant!

Poulet sauce crémeuse aux tomates séchées et épinards

Préparation : 20 minutes | **Cuisson :** 34 minutes | **Quantité :** 4 portions

Sel et poivre au goût

4 poitrines de poulet sans peau

30 ml (2 c. à soupe) d'huile d'olive

15 ml (1 c. à soupe) de beurre

2 échalotes sèches (françaises) hachées

4 gousses d'ail hachées

8 tiges de thym frais effeuillées

125 ml (½ tasse) de vin blanc

250 ml (1 tasse) de bouillon de légumes ou de poulet

750 ml (3 tasses) de crème à cuisson 35%

125 ml (½ tasse) de parmesan râpé

1 sac d'épinards frais de 171 g

10 tomates séchées coupées en julienne

6 gousses d'ail noir écrasées

1. Saler et poivrer les poitrines de poulet.
2. Dans une grande poêle, chauffer l'huile à feu élevé. Saisir les poitrines de poulet de 2 à 3 minutes de chaque côté. Réserver dans une assiette.
3. Dans la même poêle, faire fondre le beurre. Cuire les échalotes 2 minutes.
4. Ajouter l'ail haché et le thym. Cuire 1 minute.
5. Déglacer avec le vin blanc en raclant les parois de la poêle à l'aide d'une cuillère en bois afin de détacher les sucs de cuisson. Laisser réduire de moitié.
6. Verser le bouillon, puis laisser réduire 5 minutes à feu moyen.
7. Ajouter la crème, le parmesan et le poulet. Couvrir et cuire 20 minutes à feu doux, jusqu'à ce que l'intérieur de la chair du poulet ait perdu sa teinte rosée.
8. Ajouter les épinards, les tomates séchées et l'ail noir. Remuer. Cuire 2 minutes à feu moyen.

Notes

On peut servir ce plat tel quel, ou avec des linguines ou des tagliatelles garnis d'un filet d'huile d'olive, d'ail et d'échalotes. On peut également servir simplement avec des haricots verts.

Œufs farcis

Préparation : 15 minutes | **Cuisson :** 14 minutes | **Quantité :** 24 œufs farcis

12 œufs

60 ml (¼ de tasse) de mayonnaise

10 ml (2 c. à thé) de moutarde de Dijon

10 ml (2 c. à thé) de vinaigre de vin rouge

5 ml (1 c. à thé) de sauce Worcestershire

5 ml (1 c. à thé) de tabasco

2,5 ml (½ c. à thé) de sel

1 pincée de poivre blanc

Pour garnir :

2,5 ml (½ c. à thé) de paprika

15 ml (1 c. à soupe) de ciboulette fraîche ciselée

1. Dans une casserole, déposer les œufs et couvrir d'eau froide. Porter à ébullition, puis cuire 14 minutes. Égoutter, puis rafraîchir immédiatement sous l'eau très froide. Écaler les œufs, puis les couper en deux. Retirer les jaunes d'œufs et les réserver dans le contenant du mélangeur électrique.
2. Ajouter le reste des ingrédients dans le mélangeur, à l'exception du paprika et de la ciboulette. Mélanger jusqu'à l'obtention d'une texture lisse.
3. Verser la préparation aux jaunes d'œufs dans un sac refermable, puis presser pour diriger la préparation dans un coin. Couper le coin du sac, puis garnir les blancs d'œufs avec la préparation.
4. Parsemer de paprika et de ciboulette.

Notes

Je ne suis pas la plus grande fan d'œufs, mais cuits et assaisonnés de cette façon, j'adore !

Pain aux zucchinis

Préparation : 15 minutes | **Cuisson :** 1 heure | **Quantité :** 12 tranches

750 ml (3 tasses) de zucchinis (courgettes) pelés et râpés

375 ml (1 ½ tasse) de mélange à crêpe et à pâte (de type Bisquick de Betty Crocker)

180 ml (¾ de tasse) d'oignon râpé

180 ml (¾ de tasse) de parmesan râpé

180 ml (¾ de tasse) d'huile de canola

15 ml (1 c. à soupe) de persil frais haché

7,5 ml (½ c. à soupe) de sel

7,5 ml (½ c. à soupe) de sel d'ail

7,5 ml (½ c. à soupe) de poivre moulu

6 œufs battus

1. Préchauffer le four à 190 °C (375 °F).
2. Dans un grand bol, mélanger tous les ingrédients jusqu'à l'obtention d'une préparation homogène.
3. Beurrer un moule à pain de 20 cm x 10 cm (8 po x 4 po) et de 7,5 cm (3 po) de hauteur. Répartir uniformément la préparation dans le moule.
4. Cuire au four de 1 heure à 1 heure 5 minutes, jusqu'à ce qu'un cure-dent inséré au centre du pain en ressorte propre. Retirer du four et laisser tiédir.

Notes

C'est une bonne façon de faire manger des légumes à nos enfants ! Ma mère fait souvent cette recette à Mase quand elle le garde, il en raffole !

Mac'n cheese

Préparation : 15 minutes | **Cuisson :** 30 minutes | **Quantité :** 4 portions

Pour les pâtes :

125 ml (½ tasse) de beurre

125 ml (½ tasse) de lait

375 ml (1 ½ tasse) de crème à cuisson 15%

1 pincée de muscade

10 ml (2 c. à thé) de moutarde en poudre

1 litre (4 tasses) de grosses coquilles

1 pot de tartinade au fromage fondu (de type Le petit crémeux de la Fromagerie Boivin) de 400 g

500 ml (2 tasses) de gruyère râpé

Pour la chapelure :

15 ml (1 c. à soupe) de beurre

1 gousse d'ail hachée

250 ml (1 tasse) de chapelure panko

Notes

Mon fameux *mac'n cheese* est inspiré de mon fils. Pendant un certain temps, il ne voulait manger que ça ! J'ai donc concocté une version qui plairait à toute la famille. Cette recette est sans aucun doute celle qui est la plus reproduite par les gens qui me suivent. Je m'en fais même parler par des clientes qui viennent au salon !

1. Préchauffer le four à 180 °C (350 °F). Dans une casserole, faire fondre le beurre pour les pâtes. Ajouter le lait, la crème, la muscade et la moutarde en poudre. Porter à ébullition, puis laisser mijoter de 4 à 5 minutes à feu moyen. Éteindre le feu.

2. Dans une autre casserole, cuire les pâtes selon les indications de l'emballage. Égoutter. Remettre les pâtes dans la casserole. Hors du feu, ajouter la tartinade au fromage fondu et remuer jusqu'à ce que la tartinade soit fondue. Verser la préparation à la crème dans la casserole et remuer jusqu'à ce que le mélange soit homogène. Ajouter 375 ml (1 ½ tasse) de gruyère et mélanger.

3. Déposer la préparation dans une poêle allant au four ou dans un plat de cuisson. Parsemer du gruyère restant. Cuire au four 15 minutes.

4. Pendant ce temps, faire fondre le beurre pour la chapelure dans une poêle. Cuire l'ail de 2 à 3 minutes. Ajouter la chapelure panko et cuire jusqu'à ce qu'elle soit dorée. Réserver. Retirer les pâtes du four et parsemer la préparation de chapelure. Régler le four à la position «gril» (*broil*) et poursuivre la cuisson au four de 2 à 3 minutes.

Pâte à choux au fromage (gougères)

Préparation : 20 minutes | **Cuisson :** 33 minutes | **Quantité :** environ 12 choux

- 125 ml (½ tasse) d'eau
- 60 ml (¼ de tasse) de beurre
- 1 pincée de sel
- 1 pincée de sucre
- 125 ml (½ tasse) de farine
- 2 œufs à température ambiante
- 60 ml (¼ de tasse) de parmesan râpé
- 15 ml (1 c. à soupe) de ciboulette fraîche hachée
- 2 jaunes d'œufs
- 125 ml (½ tasse) de gruyère râpé

1. Préchauffer le four à 205 °C (400 °F).
2. Dans une casserole, déposer l'eau et le beurre, puis laisser fondre à feu moyen. Ajouter le sel, le sucre et la farine. Cuire de 3 à 4 minutes en remuant constamment a l'aide d'une cuillère en bois. Retirer du feu et laisser tiédir.
3. Verser la préparation dans le contenant du mélangeur électrique. Ajouter les œufs et mélanger de 3 à 4 minutes, jusqu'à l'obtention d'une préparation homogène. Le mélange devrait se séparer, puis se remélanger.
4. Ajouter le parmesan et la ciboulette. Mélanger de nouveau.
5. Transférer la préparation dans un sac refermable, puis presser pour diriger la pâte dans un coin. Couper le coin du sac.
6. Sur une plaque de cuisson tapissée de papier parchemin, former douze petits cercles avec la pâte.
7. À l'aide d'un pinceau, badigeonner les cercles de pâte avec les jaunes d'œufs. Garnir de gruyère.
8. Cuire au four 10 minutes.
9. Baisser la température du four à 180 °C (350 °F), puis poursuivre la cuisson 20 minutes, en s'assurant de ne pas ouvrir la porte du four pour ne pas que les pains s'affaissent.
10. Servir immédiatement pour un goût optimal.

Notes

Mason adore manger ces gougères, il en mange même pour déjeuner! Je les réchauffe quelques secondes au micro-ondes, et c'est prêt!

Poulet rôti, sauce miel-moutarde et pommes de terre au cheddar

Préparation : 25 minutes | **Cuisson :** 20 minutes | **Quantité :** 4 portions

15 ml (1 c. à soupe) d'huile d'olive

4 poitrines de poulet sans peau

4 oignons verts hachés

Pour la purée de pommes de terre :

6 à 8 pommes de terre pelées et coupées en morceaux

60 ml (¼ de tasse) de beurre

60 ml (¼ de tasse) de crème à cuisson 15 %

80 ml (⅓ de tasse) de fromage à la crème

80 ml (⅓ de tasse) de cheddar râpé

Sel et poivre au goût

Pour la sauce :

125 ml (½ tasse) de moutarde de Meaux

125 ml (½ tasse) de miel

250 ml (1 tasse) de beurre coupé en cubes

Sel et poivre au goût

1. Préchauffer le four à 205 °C (400 °F).

2. Dans une casserole d'eau bouillante salée, cuire les pommes de terre de 20 à 25 minutes, jusqu'à tendreté. Égoutter. Réduire en purée avec le beurre, la crème, le fromage à la crème et le cheddar. Saler, poivrer et remuer. Réserver.

3. Pendant ce temps, chauffer l'huile à feu moyen dans une grande poêle. Cuire le poulet de 2 à 3 minutes de chaque côté.

4. Sur une plaque de cuisson tapissée de papier parchemin, déposer les poitrines de poulet. Poursuivre la cuisson au four de 15 à 18 minutes, jusqu'à ce que l'intérieur de la chair du poulet ait perdu sa teinte rosée. Retirer du four et couvrir d'une feuille de papier d'aluminium, sans serrer. Laisser reposer 5 minutes et trancher au moment de servir.

5. Dans une casserole, mélanger la moutarde de Meaux avec le miel. Porter à ébullition, puis cuire 1 minute. À l'aide d'un fouet, incorporer le beurre. Saler et poivrer. Retirer du feu.

6. Répartir la purée de pommes de terre au centre des assiettes. Garnir de tranches de poulet. Verser la sauce sur le poulet et garnir d'oignons verts. Servir avec des haricots verts au beurre ou des asperges.

Notes

J'ai connu cette recette lorsque j'étais hôtesse au restaurant Louis-Hébert. J'en mangeais tous les jours après mon quart de travail, sans jamais me tanner. Quelques années plus tard, alors que je travaillais comme cuisinière dans ce même restaurant, lorsque je remarquais que le chef préparait cette recette, je le regardais faire du coin de l'œil pour voir les quantités et tout. Le soir même, en arrivant chez moi, j'essayais de reproduire le tout à la maison. Wow! Si facile, si simple, mais si bon! Mason aussi adore ce plat. Ça va de soi, c'est tellement sucré!

Cookies au sucre façon Mason

Préparation : 25 minutes | **Cuisson :** 10 minutes | **Quantité :** de 10 à 12 biscuits

250 ml (1 tasse) de beurre à température ambiante

310 ml (1 ¼ tasse) de sucre

15 ml (1 c. à soupe) d'extrait de vanille

1 œuf

750 ml (3 tasses) de farine

5 ml (1 c. à thé) de poudre à pâte

5 ml (1 c. à thé) de bicarbonate de soude

Quelques bonbons au choix (facultatif)

Pour le glaçage (facultatif) :

375 ml (1 ½ tasse) de sucre à glacer

5 ml (1 c. à thé) de lait

1 blanc d'œuf

1. Préchauffer le four à 180 °C (350 °F).
2. Dans un bol, mélanger le beurre avec le sucre et la vanille à l'aide du batteur électrique. Ajouter l'œuf et mélanger.
3. Ajouter la farine, la poudre à pâte et le bicarbonate de soude. Remuer.
4. Sur une plaque de cuisson tapissée de papier parchemin, façonner de dix à douze boules, puis les écraser avec la paume de la main. Cuire au four 10 minutes, jusqu'à ce que le pourtour des biscuits soit légèrement doré.
5. Si désiré, pendant ce temps, fouetter les ingrédients du glaçage de 3 à 4 minutes dans un autre bol.
6. À l'aide d'une poche à pâtisserie, décorer les biscuits de glaçage. Si désiré, garnir de bonbons.

Notes

Parce qu'elle est tellement rapide à cuisiner et délicieuse, on fait cette recette au moins une fois par semaine ! Les jours qui suivent, je réchauffe les biscuits au micro-ondes quelques secondes et ils redeviennent mous et chauds, comme s'ils sortaient tout juste du four.

Trempette dessert à la pâte à biscuits

Préparation : 5 minutes | **Quantité :** 500 ml (2 tasses)

250 ml (1 tasse) de pâte à biscuits au choix (de type Cookie Bluff) à température ambiante

250 ml (1 tasse) de fromage à la crème à température ambiante

250 ml (1 tasse) de fraises

Quelques biscuits Graham

1. Dans un bol, mélanger la pâte à biscuits avec le fromage à crème.

2. Servir la trempette avec les fraises et les biscuits Graham.

Notes

Mason aime tellement ce dessert-là qu'on doit l'arrêter, sinon il finirait le plat à lui seul ! Ça fait des années que je mange ce dessert, mais pour être honnête, j'avais toujours un petit mal de ventre après, probablement à cause des œufs crus dans la pâte à biscuits. Depuis que j'ai découvert la pâte à biscuits sans œufs crus, je peux en manger sans avoir à souffrir par la suite !

Salade de fruits et sirop simple

Préparation : 15 minutes | **Cuisson :** 5 minutes | **Réfrigération :** 30 minutes | **Quantité :** 12 portions

500 ml (2 tasses) de sucre

500 ml (2 tasses) d'eau

2 bâtons de cannelle

2 anis étoilés

500 ml (2 tasses) de melon d'eau coupé en cubes

250 ml (1 tasse) de cantaloup coupé en cubes

250 ml (1 tasse) de bleuets

250 ml (1 tasse) de cerises de terre

250 ml (1 tasse) d'ananas coupé en cubes

250 ml (1 tasse) de suprêmes d'orange

250 ml (1 tasse) de framboises

1. Dans une casserole, verser le sucre, l'eau, la cannelle et les anis étoilés. Porter à ébullition, puis laisser mijoter 8 minutes à feu moyen. Retirer du feu et laisser tiédir.

2. Dans un grand bol, déposer le melon d'eau, le cantaloup, les bleuets, les cerises de terre, l'ananas et les suprêmes d'orange. Remuer.

3. Retirer les bâtons de cannelle et les anis étoilés de la casserole. Verser le sirop sur les fruits, puis réfrigérer 30 minutes.

4. Au moment de servir, ajouter les framboises. Remuer délicatement.

Notes

J'ai appris à faire cette recette lors de mon cours de cuisine à Fierbourg. J'échangeais mes créations avec une élève en pâtisserie. Je me souviens comme si c'était hier de la fois où elle m'a donné un pot de cette salade de fruits. Je n'ai plus jamais fait une salade de fruits standard depuis!

Guimauve maison

Préparation : 30 minutes | **Cuisson :** 7 minutes | **Réfrigération :** 2 heures | **Quantité :** 25 morceaux

Mason approved

3 sachets de gélatine sans saveur de 7 g chacun

500 ml (2 tasses) de sucre

160 ml (⅔ de tasse) de sirop de maïs

1,25 ml (¼ de c. à thé) de sel

5 ml (1 c. à thé) d'extrait de vanille

Pour le mélange aux fruits :

60 ml (¼ de tasse) de fruits au choix

15 ml (1 c. à soupe) de sucre

Pour l'enrobage des guimauves :

160 ml (⅔ de tasse) de sucre à glacer

60 ml (¼ de tasse) de fécule de maïs

1. Dans une grande poêle, cuire les ingrédients pour le mélange aux fruits de 6 à 7 minutes à feu moyen. Retirer du feu et laisser tiédir légèrement. Dans un bol en verre, verser 125 ml (½ tasse) d'eau et le contenu des sachets de gélatine. Laisser reposer 10 minutes, sans mélanger. Dans une casserole, déposer le sucre, le sirop de maïs et 60 ml (¼ de tasse) d'eau. Porter à ébullition à feu moyen. Laisser mijoter 1 minute.

2. À l'aide du batteur électrique, fouetter la gélatine. Incorporer graduellement la préparation au sirop de maïs et le sel.

3. Mélanger de 10 à 12 minutes à puissance maximale, jusqu'à l'obtention d'une texture lisse.

4. Ajouter la vanille et la préparation aux fruits. Mélanger de nouveau jusqu'à l'obtention d'une texture homogène.

5. Dans un moule carré de 20 cm (8 po) tapissé de papier parchemin légèrement huilé, verser la préparation. Couvrir d'une pellicule plastique et réfrigérer 2 heures. Pendant ce temps, mélanger le sucre à glacer avec la fécule de maïs dans un bol. Réserver.

6. Au moment de servir, renverser le moule sur le plan de travail. Démouler la guimauve. À l'aide d'un couteau légèrement enduit d'huile, couper la guimauve en morceaux en essuyant le couteau régulièrement avec un papier absorbant. Déposer les cubes de guimauve dans le bol contenant le mélange de sucre à glacer et remuer afin de bien les enrober du mélange. Secouer pour retirer l'excédent.

S'mores dans une poêle

Préparation : 15 minutes | **Cuisson :** 3 minutes | **Quantité :** 2 portions

100 g (3 ½ oz) de chocolat au lait au choix coupé en morceaux

250 ml (1 tasse) de mini-guimauves

Environ 10 biscuits Graham

Fraises au goût (facultatif)

1. Dans un bain-marie, faire fondre les morceaux de chocolat.

2. Dans une poêle allant au four ou dans un petit plat de cuisson, verser le chocolat fondu. Couvrir de mini-guimauves.

3. Cuire au four 3 minutes à la position «gril» (*broil*), jusqu'à ce que le dessus des guimauves soit légèrement doré.

4. Servir avec les biscuits Graham et, si désiré, les fraises.

Notes

La recette donne deux bonnes portions. Si vous voulez quatre portions, vous pouvez simplement doubler la recette. Mais attention, si vous doublez, assurez-vous d'utiliser une poêle assez grande.

Mason approved

Gâteau aux carottes de ma mère

Préparation : 25 minutes | **Cuisson :** 1 heure 15 minutes | **Quantité :** 10 portions

500 ml (2 tasses) de farine

500 ml (2 tasses) de sucre

5 ml (1 c. à thé) de bicarbonate de soude

5 ml (1 c. à thé) de poudre à pâte

1 pincée de sel

5 ml (1 c. à thé) de cannelle

250 ml (1 tasse) d'huile d'olive

4 œufs

750 ml (3 tasses) de carottes râpées

Pour le glaçage :

2 contenants de fromage à la crème de 250 g chacun, à température ambiante

310 ml (1 ¼ tasse) de sucre à glacer

125 ml (½ tasse) de beurre ramolli à température ambiante

1 gousse de vanille (grains)

1. Préchauffer le four à 163 °C (325 °F).
2. Dans le contenant du mélangeur électrique, déposer la farine, le sucre, le bicarbonate de soude, la poudre à pâte, le sel et la cannelle. Mélanger jusqu'à l'obtention d'une texture homogène.
3. Ajouter l'huile, les œufs et les carottes râpées. Mélanger de nouveau.
4. Dans un moule à charnière de 22,5 cm (9 po) beurré et fariné, verser la pâte. Cuire au four de 1 heure 15 minutes à 1 heure 30 minutes. Retirer du four et laisser tiédir.
5. Pendant ce temps, mélanger les ingrédients du glaçage à l'aide du batteur électrique jusqu'à l'obtention d'une texture lisse.
6. Napper le gâteau de glaçage.

Notes

Mon mari raffole de ce dessert! Il en est tellement fou que, pour notre mariage, je lui ai fait la surprise d'une génoise aux carottes pour notre gâteau de noces. Le pâtissier n'avait jamais eu cette demande auparavant, mais quand je l'ai revu, il m'a confié que depuis mon mariage, c'était devenu une commande très populaire!

Back to the Table
The Cookie Book
Emeril's Delmonico
Marcella's Italian Cuisine
Lidia's Italian-American
Chef Paul Prudhomme's Louisiana Taste
From Emeril's Kitchens
The Redbook Cookbook
All Around the World
Moosewood

Index

Cocktails

Bellini aux pêches 34
Bloody Caesar, sauce BBQ et haricots marinés piquants 108
Cocktail épicé à la mangue 158
Mojito au lait de coco 182
Sangria fraises, sirop d'érable et limonade rose 120

Entrées et bouchées

Arancinis 208
Ceviche au lait de coco 170
Cocktail de crevettes épicé 160
Crevettes croustillantes 184
Egg rolls aux avocats et duo de sauces 186
Étagés de crabe, avocats et pamplemousse 110
Fromage en grains frit 102
Œufs farcis 214
Pâte à choux au fromage (gougères) 220
Petits pains au bacon et fromage 138
Poulet popcorn, sauce barbecue au miel 210
Raviolis frits avec compote de tomates et sauce mascarpone épicée 38
Tater Tots maison 134
Trempette chaude aux artichauts 136

Repas principaux

Bœuf, porc et veau

Boulettes de viande 68
Filet de porc et sauce demi-glace aux cerises 82
Pâté à la viande 106
Pâté chinois à Maxime 104
Porc avec sauce balsamique et pommes de terre style röstis 92
Quiche aux asperges et emmental 86
Risotto au parmesan et petits pois 46
Rôti de palette 116
Sauce à spaghetti de ma *mommy* 64
Tacos de bavette et pico de gallo 176
Tartare de bœuf à l'italienne 60
Toast aux pêches, burrata et prosciutto 40
Veau parmigiana 50

Burgers et sandwichs

Interfromage 112
Lobster rolls 114
Mini-burgers de porc effiloché et cornichons frits 140
Sandwich au poulet frit et sauce Buffalo 146

Pâtes

Coquilles farcies sauce rosée 48
Mac'n cheese 218
Pad thaï sauce aux arachides 188
Pappardelles au canard confit, sauce crémeuse au vin rouge et confit de canneberges 78
Pappardelles aux tomates séchées, poulet et pesto 52
Pâtes sauce Alfredo et poulet frit 142
Tagliatelles au homard, sauce crémeuse rosée 56

Poisson et fruits de mer

Beurre blanc et pétoncles 76
Homard, sauce hollandaise à l'estragon 90
Langoustines et orzo, chapelure aromatisée au thym et à l'ail 62
Morue en papillote avec sa sauce au lait de coco 200
Saumon teriyaki et nouilles asiatiques 194
Tacos au poisson frit, salsa à l'ananas 164
Tacos au thon 172

Salades

Cobb salad 144
Salade chinoise au poulet et wontons croustillants 198
Salade de betteraves 94
Salade de canard confit, mayonnaise à l'huile de truffe et légumes croquants 84

Salade de chèvre frit et figues 88
Salade de maïs mexicaine 174
Salade d'été au melon d'eau, mascarpone, feta et oignons confits 36
Salade thaïe, vinaigrette au lait de coco et arachides 190
Salade tiède aux pois chiches croustillants, saumon et beurre aux tomates séchées 118

Végé

Aubergine frite farcie à la ricotta 66
Galettes de maïs et jalapeño avec sauce chipotle 168
Maïs rôti avec sa mayonnaise 166
Soupe mexicaine à ma façon ! 162
Tarte aux tomates et ricotta 44

Volaille

Lettuce wraps avec haricots tempura et mayo épicée 196
Poulet aux poivrons et prosciutto 54
Poulet cordon bleu avec prosciutto 80
Poulet Général Tao 192
Poulet rôti, sauce miel-moutarde et pommes de terre au cheddar 222
Poulet sauce crémeuse aux tomates séchées et épinards 212

Déjeuner et collation

Crêpes farcies au fromage à la crème et framboises 206
Pain aux zucchinis 216

Desserts

Bagatelle aux fraises de ma mère 122
Brownies 148
Churros, sauce au caramel et chocolat croquant 178
Cobbler aux pêches 154
Cookies au sucre façon Mason 224
Gâteau au fromage aux framboises 150
Gâteau au fromage et bleuets 126
Gâteau aux carottes de ma mère 234
Gâteau étagé de crêpes et mousse au sirop d'érable 124
Guimauve maison 230
Île flottante de mousse au chocolat et crème anglaise 98
Orzo au chocolat blanc 70
Pain perdu croissants et chocolat 152
Pouding chômeur, sauce au sucre à la crème et chantilly à l'érable 128
Salade de fruits et sirop simple 228
S'mores dans une poêle 232
Trempette dessert à la pâte à biscuits 226
Truffes au chocolat 96
Wontons dessert frits 202

Accompagnements

Capellinis à l'ail 50
Nouilles asiatiques 194
Oignons frits 116
Patates style chips maison et mayo 86
Pommes de terre style röstis 92
Salade de roquette, tomates cerises, parmesan et balsamique 48
Sauce marinara 42

PRATICO
EDITION